U0057861

綜合活動學習領域教學與評量

◎李坤崇 著

李坤崇

現任 南華大學講座教授兼學術副校長、教務長

學歷 省立臺南師專國校師資科畢業
國立彰化師範大學輔導學士、碩士
國立政治大學教育博士

經歷 國立成功大學教育研究所教授兼所長、教育學程實習輔導室主任
南臺科技大學教育領導與評鑑研究所教授兼通識教育中心主任
香港教育學院「成果導向學習」專案研究計畫顧問
教育部九年一貫課程推動工作小組委員兼課程與教學深耕輔導組
　　副召集人
教育部九年一貫課程推動工作小組委員兼綜合活動學習領域輔導
　　群組長
教育部國民中小學課程綱要審議委員會委員
教育部國民中小學課程綱要研究發展小組委員
教育部普通高級中學課程發展委員會委員
教育部普通高級中學綜合活動領域綱要研修小組召集人
教育部輔導工作六年計畫諮詢顧問
國民中小學九年一貫課程綱要審議委員會委員
教育部九年一貫課程推動工作小組委員兼教學研究輔導組副召集人

教育部九年一貫課程試辦輔導小組委員兼國中組執行秘書、南區
召集人

教育部九年一貫課程推動工作小組委員兼學校經營研發組召集人

國立成功大學教育研究所教授兼學務處學生輔導組組長

國立臺南師範學院初等教育學系教授兼實習輔導處處長

國立臺南師範學院助教、講師、副教授、教授

小學教師

著作　師資培育與法令變革的省思。臺北：師大書苑。1997。與吳鐵雄
合著。

班級團體輔導。臺北：五南圖書公司。1998。

多元化教學評量。臺北：心理出版社。1999。

學習評量單設計與實例。臺北：仁林文化出版社。2000。與歐慧
敏合著。

統整課程理念與實務。臺北：心理出版社。2000。與歐慧敏合
著。

綜合活動學習領域教材教法。臺北：心理出版社。2001。

綜合活動學習領域概論。臺北：心理出版社。2004。

教學評量。臺北：心理出版社。2006。

教學目標、能力指標與評量。臺北：高等教育出版社。2006。

認知技能情意教育目標分類及其在評量的應用。臺北：高等教育
出版社。2010。

班級團體輔導（簡）。北京：中國人民大學出版社。2009。

教學評估：多種評價工具的設計及應用（簡）。上海：華東師範
大學出版社。2011。

大學課程發展與學習成效評量。臺北：高等教育出版社。2011。

課程發展的重心在教室，教室的核心在教學與評量

　　課程本無完美課程綱要，乃前瞻規劃、凝聚共識的專業發展歷程。筆者自 2006 年 11 月接受教育部委託擔任「綜合活動學習領域課程綱要研修小組召集人」，著手修改《國民中小學九年一貫課程綱要》之《綜合活動學習領域課程綱要》，而教育部於 2008 年修訂公布此綱要，並自 2011 年 8 月實施此修訂綱要。此次修訂在實施要點中增闢「教學原則」，提出八項教學原則，乃鑑於以往綜合活動學習領域教學的體驗省思常集中於少數學生或僅少數參與者；且由於教學過程過於緊湊，學生難以沉澱，故提出教學應強化「全體」學習者「從容地」體驗、省思與實踐。

　　2008 年修訂的《綜合活動學習領域課程綱要》較 2003 年的綱要，更彰顯多元化、人性化的教學評量，強調評量應依據教學目標研擬適切的評量方式、評量內涵、評量人員、及評量過程，並呈現多元的學習結果，以提供更適性化的教學來增進學生成長。其中，評量原則突顯下列四項：(1)評量人員除教師外，可邀請家長、小組長、同儕或學生本人參與；(2)評量結果評定應兼顧能力、努力向度；顧及個別差異，並讓不同文化、背景的學習者均能獲得成功的機會；(3)評量結果宜描述學習者進步情形、成功經驗或優良特殊事績，給予其鼓勵增強；(4)評量結果應以多元方式呈現，兼顧文字描述與等級的方式。評量方式提出實作評量、口語評量、檔案評量、高層次紙筆測驗等較常用於該學習領域的方式。

　　為闡述課程綱要中修訂教學、評量的理念，並提出實例，特撰寫本書。第一章「體驗與省思教學」，探討綜合活動學習領域的教學三訣、體驗教學的理念、體驗教學的策略、省思教學的理念及省思教學的策略。第二章「教學評量」，闡述多元評量的意涵與特質、綜合活動學習領域之教學評量、學期評量的實施計畫及實施多元評量的條件與準備。第三章「教學活動設計與

實例」，敘述教學活動設計內涵、教學活動歷程解析及單元教學活動設計實例。

　　綜合活動學習領域的教學、評量有別於語文、數學、社會及自然與生活科技等領域，教學著重放、導、法，評量著重多元化、人性化及生活化。感謝廿五縣市數萬名國中小教師、校長提供寶貴的教學與評量經驗，感謝教育部、各縣市政府教育局提供學習成長的機會，得以讓教學、評量理論與實務更為契合；感謝綜合活動深耕種子團隊、臺南市後甲國中、宜蘭縣大隱國小、成大教育所盧名瑩同學，以及高雄市龍華國中施紅朱老師提供實例；感謝心理出版社催促修訂，得以刊印成書。期能充分闡述課程綱要的教學與評量理念，提出務實的教學與評量實例，讓國中小教師更瞭解本學習領域的教學、評量精髓；期能讓國中小教師及關心教育人士瞭解、珍惜及支持領域發展；更期讓學生能經由體驗、省思及實踐，提升其生活實踐能力。

李坤崇　謹識

於臺南

2011 年 10 月

目次

|第 1 章|

體驗與省思教學

　　教育部（2008a）公布《國民中小學九年一貫課程綱要》，其所強調的十大基本能力中之第十項為「獨立思考與解決問題」。教育部（2008b）在《綜合活動學習領域課程綱要》的三大重心為「體驗、省思、實踐」，範圍包含各項能夠引導學習者進行體驗、省思與實踐，並能驗證與應用所知的活動。可見，教師帶領體驗、省思教學的理念與策略係本領域教學方法的核心，本章僅闡述綜合活動學習領域的教學三訣及體驗、省思教學，其餘教學方法可參酌李坤崇（2001a）的《綜合活動學習領域教材教法》。

∷ 第一節　教學三訣 ∷

　　臺灣、中國大陸、日本活動課程具有九項共同特質：(1) 2000 年課程改革的重點，均強調學校、教師、學生的自主性；(2)同樣重視「體驗、省思、實踐」的活動課程；(3)強調與生活連結，著重解決問題、生活實踐、做中學；(4)除強調學科知識的統整外，進而強調知識與生活經驗的統整；(5)學習內涵從學生的生活、興趣出發，而非來自制式、統一的教材；(6)課程設計兼顧學生、學校及社區，而非模仿、抄襲或拼裝；(7)較為著重技能、情意層次，而非停留於認知層次；(8)善用體驗學習、自主學習、分組合作學習；(9)促進學

習方式的改變。

　　為貫徹臺灣、中國大陸、日本活動課程的共同特質，必須運用適切的教學方法，方能竟其功。筆者於 2009 年 11 月 24 日至 27 日在浙江省杭州市辦理的「中國大陸全國課程改革實驗區綜合實踐活動第七次研討會」（李坤崇，2009），針對活動課程提出教學三訣：「放、陪、法」，經再度斟酌改為「放、導、法」，茲扼要說明此教學三訣。

壹、放：安全、嚴謹、三改的放手

　　「放」乃安全、嚴謹、三改的放手。活動課程的「放手」強調「鬆綁、放心」理念，但非放棄、放生、放任。臺灣、中國大陸、日本活動課程均強調學校、教師、學生的自主性，但欲強化學生自主學習，並促進其學習方式的改變，教師應揚棄傳統高度管制、事事約束、項項規定的方式，而應採「鬆綁、放心」的原則，教學過程充分讓學生嘗試、試探及摸索去解決問題，從中體驗、省思而後實踐。

一、前提：安全、嚴謹

　　「放手」應掌握「安全」、「嚴謹」兩前提，方不致於淪為放棄、放生、放任。實施活動課程讓學生「體驗、省思、實踐」，並著重解決問題、生活實踐、做中學，學生可能出現意外事件的機率高於傳統講述教學，若學生發生意外，不僅將掩蓋教師的教學成效，更將令教師身心俱疲。因此，教師放手之前，必須確保學生安全無虞。

　　教師欲積極營造安全的學習環境，必須於教學前用心嚴謹的進行教學設計。通常決定教學成敗的關鍵乃教學前（即進教室之前），而非教學中（即進教室之後）；教學前的教學設計或準備愈嚴謹、愈紮實，不僅愈能達成教學目標，更能避免意外事件。尤其是，活動課程教學前若能虛擬推演整個教學歷程，虛擬推演從單元活動到結束的整個歷程，包括教師的位置走動順序、教材教具出現時機、帶領學生的方法與流程，力求考慮每個細節，則實施時可談笑用兵。

二、三改：空、少、慢

　　教師實施活動課程要放手，必須調整思維、落實三改「空、少、慢」。此三改或許與教師舊有思維或學科課程教法剛好相反，然這亦是活動課程的教學特色。

(一) 空

　　空乃教師實施活動課程應「放空」，放掉既有答案，調整以往學科課程多由教師直接告訴學生答案的方式。教師實施活動課程，應觀察學生體驗，傾聽學生省思，走訪學生實踐，讓學生由體驗、省思、實踐過程獲得答案；倘若學生答案偏差，再輔以適切引導，讓學生自行修正調整獲得正確或最佳答案。如此，方能激發學生創意，進行各項探索研究。有云：「師長全能，學生無能」、「父母天才，子女白癡」，師長扮演全能、天才角色，凡事幫學生想好答案，做好事情，則學生終將淪為無能、白癡。

(二) 少

　　少乃教少學多，教師應秉持「教學少、學得多」的原則，給釣竿而非給魚吃。以往教師認為教給學生愈多，學生學得愈多。但是填鴨教學塞給學生一堆知識，學生可能缺乏學習興趣或無法消化繁雜知識。教師實施活動課程應秉持「教得少」原則，即引導學生獲得學習方法、激發學習興趣，教導核心、關鍵的原理原則與知識，讓學生具備自主學習的能力，養成主動積極的學習態度，則學生必能「學得多」。

(三) 慢

　　慢乃放慢教學步調，讓學生從容學習而非趕進度。活動課程欲讓學生體驗、省思與實踐，必須放慢，學生才能從容體驗、深入省思、用心實踐。可見，傳統趕進度的教學方式，顯然不適用於活動課程。其實，就筆者教學經驗：「慢比快難教」，如何讓學生用心與積極思考，如何讓學生沉澱與轉化所學，均只有放慢教學步調，才可能達成。

貳、導：安心、陪伴、三導的引導

「陪」乃輔助、伴隨，教師在學生學習歷程扮演輔助、伴隨、陪伴角色。「導」乃引導、開導，教師在學生學習歷程扮演輔助、引導、開導角色。筆者將「陪」改為「導」，乃期許教師在活動課程由消極的「陪伴」轉為更積極的「引導」。

活動課程的學習成果是「導」出來的，而非「教」出來的。活動課程雖不能「教」，但絕非「放任、無為」，而是要善盡「引導」責任，積極鼓勵學生自主學習與積極實踐。

一、前提：安心、陪伴

教師實施活動課程引導學生學習時，必須營造一個安心學習的情境、陪伴成長的氛圍。

(一) 安心

學生在解決問題、自主學習，以及體驗、省思與實踐的歷程，教師不僅應讓學生安心，更要讓家長安心、學校安心。實施活動課程時，學生可能進行訪問、調查、觀察、實驗或其他體驗、探索活動，發生意外的機率將較學科課程為多。教師應透過各種管道與家長溝通，讓家長瞭解學生在進行活動課程時，可能進行較多元、積極、自主的學習方式，告知家長可陪伴、輔助其學習，卻不應介入學習，方可增進學生學習成效，並避免家長疑慮。教師亦應讓學校瞭解其實施活動課程的嚴謹設計，及各項避免意外的措施。因此，教師除承續「放手」的「安全」、「嚴謹」兩前提外，應再納入溝通，讓學生、家長、學校都感到安心。

(二) 陪伴

陪伴乃讓學生在學習過程、解決問題或嘗試錯誤時，感受到教師「陪伴」在旁，隨時有問題可請問教師，隨時可獲得教師的支持與關懷。學生感受到教師相伴，可提高其創新、冒險、嘗試錯誤的意願。然而，「陪伴」著重的是平時建立的支持、關懷氛圍，是教師給學生的信心，是長期的感受，因此，

教師平時與學生的互動將是建立「陪伴」、「關懷」氛圍的關鍵。

二、三導：輔導、引導、開導

一般教師較熟悉學科課程的「教」，但活動課程卻非「教」而是「導」。教師實施活動課程應善用「輔導、引導、開導」三導。

(一) 輔導

輔導乃輔助學生各種思維日益紮實，重點在輔助、支持。教師對學生的各種思維予以輔助、支持，協助其加深加廣。輔助、支持的策略宜善用各種增強、削弱學習原理。

(二) 引導

引導乃帶領學生原有思維持續加速或精進，重點在帶領、指引。教師對學生原有的思維予以帶領、指引，協助其提高效率或品質。如，提供學生優良示例，來引導其思維。帶領、指引的原則宜承續「空、少、慢」三改的理念，不宜灌輸、塞爆、急躁。

(三) 開導

開導乃開創學生新的視野，創新突破或導正偏差，重點在啟發、導正。教師對學生尚未思維部分，予以啟發或開創，協助其拓展新視野；對學生偏差部分，予以導正、釐清，協助其修正偏差思維。對一般教師而言，開導較輔導、引導難，啟發、導正需要更多的耐心、激勵，方能開展視野或導正偏差。

參、法：常規、榮譽、堅持的法則

「放、導」若無「法」為基礎，必然走向「放任」、「放生」及「誤導」。安全、嚴謹的放手，安心、陪伴的引導，必須以「法」為基石。然徒法不足以自行，放手、鬆綁必須輔以自律、負責，因此，尚須納入榮譽、堅持，方易於執法。實施活動課程的「法」應兼顧常規、榮譽、堅持三向度。

一、常規：放後易亂，放而不亂在法

「放後易亂，放而不亂在法」，教師實施活動課程強調激勵創意、自主學

習、分組合作學習，學生在發表創見、主動積極、合作討論時，經常會逾越常規，觸法而不自知，教師必須善用法（即常規）予以引導，方能做到「腦放心收」、「放手而非放任」。本於「放、導」二訣，教師研訂班級常規，應放手、引導，讓學生運用民主程序，以建立班級常規。讓學生自行研訂的班級常規，將可提升學生遵守的意願。常規之執行應「明確規範肢體動作」、「形諸文字」。

(一) 明確規範肢體動作

教師宜以肢體動作取代吼叫、敲擊、訓誡或斥責，但欲達到此目標必須明確告知肢體動作的意義，如「舉右手張開手掌」表示小聲一點、安靜，逐一按下手指，直到握拳，表示靜悄悄；或者在非常紊亂情境，直接「舉右手握拳」表示靜悄悄；「舉右手張開手掌並舉左手比一」表示第一組小聲一點、安靜，「舉右手握拳並舉左手比一」表示第一組靜悄悄。所有肢體動作必須讓學生充分「練習」才能發揮作用。教師於用肢體動作時，宜輔予溫柔的表情、堅決的態度，學生方能感受到教師維持秩序的決心。

(二) 形諸文字

教師視線離開學生時間愈長，學生吵鬧的機會愈多，教師時常邊寫板書邊向學生說明，使得少數學生利用教師寫板書之時，擾亂秩序或常規，因此若能於教學前將各項規約、遊戲規則、活動進行模式先寫在壁報紙上，教學時以壁報紙呈現，再輔以口語說明，可使教學歷程更為流暢（李坤崇，2001a）。

二、榮譽：以榮譽制度來激勵守法

筆者十幾年輔導青少年的經驗，深深體會「教師增強鼓勵是學生心理的免疫系統，指責辱罵乃學生淪落的罪惡深淵」，教師應善用常規與榮譽制度來積極鼓勵強化學生信心與榮譽感。給予鼓勵激發榮譽應秉持「鼓勵優於懲罰」、「整合制度」、「激勵團隊榮譽」原則。

(一) 鼓勵優於懲罰

有些教師教學時，喜歡運用懲罰來引導學生，但「懲罰不佳學生連帶懲罰優良學生、鼓勵優良學生連帶懲罰不佳學生」；教師採取積極鼓勵取代消極懲罰的策略，不僅能增進師生和諧與班級氣氛，更能有效達成教學目標。

(二) 整合制度

　　教師應將增強、鼓勵與支持和學校制度結合，方能充分發揮增強功能，且避免疊床架屋。

(三) 激勵團隊榮譽

　　分組合作學習經常造成班級失控、秩序大亂，建議善用小組榮譽制度，激勵團隊榮譽，促使各組學生遵守常規。

三、堅持：溫柔的堅持，宣示法規

　　教師執行常規與運用榮譽制度時，必須堅持常規與制度，方能貫徹。堅持應掌握「溫柔堅持」、「宣示法規」兩原則。

(一) 溫柔堅持

　　溫柔堅持乃溫柔的堅持，執法從嚴。教師執法應「表情溫柔、態度堅決」，充分讓學生瞭解常規與制度無妥協空間，教師必然貫徹常規與制度，學生方不致於心存僥倖。

(二) 宣示法規

　　宣示法規乃明確敘述法規，口不出惡言。學生違反常規與制度時，教師僅需宣示、複誦常規與制度，必要時告知必須接受的懲罰，但無須口出惡言。

肆、結語：不是結論而是濫觴

　　整合十年來推動臺灣綜合活動學習領域發展的經驗，擔任 2008 年頒布綜合活動學習領域綱要研修召集人的心得，納入實際於中國大陸廈門教學的體驗，參採臺灣、中國大陸及日本活動課程的理念與內涵，以及延續「中國大陸全國課程改革實驗區綜合實踐活動第七次研討會」的講述，將之形諸文字，並將「放、陪、法」改為「放、導、法」。與其說是結論，吾寧說是濫觴，期經由上述論述為開端，透過腦力激盪，與關心活動課程的學者專家共同鑽研活動課程之教學，共同成長。

▪▪ 第二節　體驗教學的理念 ▪▪

　　2003 年《綜合活動學習領域課程綱要》的分段能力指標出現頗多認知性動詞，如「1-1-1 描述自己以及與自己相關的人事物」、「1-1-2 認識自己在家庭與班級中的角色」。為避免綜合活動學習領域出現過多認知動詞之弊，2008年《綜合活動學習領域課程綱要》強化技能、情意，以及體驗、省思與實踐的動詞，如將前述能力指標改為「1-1-1 探索並分享對自己以及與自己相關人事物的感受」、「1-1-2 區辨自己在班級與家庭中的行為表現」（教育部，2008b）。

　　兒島邦宏（1998）強調日本自昭和 40 年代（1965 年）之後，學生的體驗力明顯喪失，學生學習與認知過程被大大扭曲，大家未見實物，便一味學習抽象的理論，所學之物缺乏具體性，產生了僅記誦教科書的「暗記默誦主義」學習方式。然而，學生在記誦了知識之後，往往不知其學習用途，結果時間一久，所記事物也漸漸淡忘，經過一年，所記事物的 80%左右將被遺忘。因此，日本在邁入 21 世紀的教育改革，相當重視「體驗學習」。

壹、體驗學習的意義

　　傳統教學較偏重「記憶式學習」，而與實際生活脫節，造成「學校知識非生活化」、「學校知識非實踐化」的問題。因此，學校教育必須先改善教師教學。兒島邦宏（1998）強調教學改善的第一要務乃回復學生的體驗力、活動力，以及實踐力，務使生活與學習密切結合，並使所學之事與自身息息相關，而落實上述理念的具體教學策略乃實施「體驗學習」。

　　Knapp（1992）提出拉丁文「experientia」的意義係「經歷」（To Go Through），即體驗（experience）一詞的來源。Sarason（1984, pp.224-225）認為「學生不是只靠做中學，而是以思考—行動—思考—行動的模式學習」。

　　體驗學習始於體驗（experience learning）、再省思（reflect）、討論與分析，再次體驗與評析，終於建構內化意義與價值。體驗學習源自 Dewey「做中學」（learning by doing）的理念，強調：起而「行」（do）、坐而「省」（reflect）。

　　Resnick（1987）認為傳統學校教育著重個人的或獨自完成的課程活動，抽離體驗的抽象性符號與脫離情境的技能教育，使得學習過程的思考能力與知識建構力低落。善用身體與感官探索一些有意義的問題，更能協助學生深入省思與建構意義。

　　Kahn（1978）引述 Henderson 觀點，強調「學校教育就像是用閱讀方式學騎腳踏車，在黑板上畫圖，甚至拆裝整台腳踏車，卻沒讓學生真正騎過腳踏車」。

　　蔡居澤（2004）強調學習是透過經驗的轉換以創造知識的過程，學習強調的是「適應的歷程」（the process of adaptation），而非「內容」及「結果」。經驗學習的六項特徵為：(1)學習最好被視為一個程序，而非結果；(2)學習是一種以體驗為基石的連續過程；(3)學習的歷程需要的是對適應世界的不同模式予以思辨；(4)學習是一種適應世界的整體歷程；(5)學習涉及個人與環境的交流；(6)學習是累積知識的程序。

　　Knapp（1992）認為人腦有兩個主要的記憶系統，一為空間系統，不需透過演練，可「立即」以三度空間的形式將體驗記錄於人腦。二為背誦系統，專門處理知識與技能，且需要較多的練習方能儲存。體驗學習活動可透過學習在情境的親身體驗，執行立即的記憶系統。可見，欲發揮理解與記憶的最佳效果，知識與技能必須與自然的，且與空間的記憶結合。

　　體驗係指在真實情境、環境與種種事物接觸而產生的經驗。體驗學習係教師引導學生親身體驗大自然、參與社會服務、實地進行調查、訪問、參觀與實驗、實際進行討論或發表、設計與生產工藝作品，以及進行生產活動等真實活動，並經由省思與分享，以覺察活動意義與價值，並達成學習目標。體驗學習具有下列特質：

一、體驗乃真實情境的深度接觸

　　「體驗」係指在真實情境與環境的種種事物接觸而產生的經驗；「自然體

驗」乃在自然環境與自然事物的接觸產生的經驗。接觸本身就是體驗，而前提係如何接觸。接觸不能紙上談兵，應親身參與實際活動，並經過一段長時間體會、討論或省思才能深切體認其涵義。現今學校一般體驗活動，通常會辦理一些活動，活動結束後，頂多找一、兩位同學發表心得，僅限於口述活動心得而未引導實踐、體驗、省思與分享，使得活動僅能算是一種初步的啟發體驗活動。然在現今國中國小，此種初步啟發的體驗活動已屬難能可貴，起碼較傳統教學生動活潑，亦較能提高學生學習興趣。因此，體驗不僅是真實情境的活動，更是深度接觸內心世界的活動，應著重活動的實踐、體驗、省思與分享，讓學生進行深入的自我探索與省思意義。

　　為落實體驗活動，必須準備多樣、適當的環境。適當環境乃「真實環境」，如自然與生活科技學習領域常用觀察自然或探查城鄉，社會學習領域的拜訪社區等，均必須進入實際的環境探訪。然體驗活動的真實環境應以可行為原則，如國小低年級學生的「玩具製作」，不一定要在真實的玩具工廠進行，教師可在教室內準備教材與製作玩具所需物品，讓學生製作玩具，教師規劃真實情境應以達成學習目標為前提，把握可行、省時、省力、省錢與安全的原則。

二、體驗乃做中學的歷程

　　體驗學習應掌握「親身體驗、做中學、嘗試錯誤」的精神，而非記憶背誦、坐著學、一次成功的概念。學生運用心到、口到、眼到、耳到、手到、腳到的全方位體驗來學習，此較傳統著重眼到、心到的記憶，較易讓學生深切感受學習的意義與內涵，較易保留學習結果，較易覺察真正核心問題。

　　親身體驗乃直接學習而非間接學習，學生經由直接操作、親自實踐來學習，不是由觀摩、模仿來獲得知識。做中學乃學生邊做邊省思邊學，教師邊看邊協助邊引導，讓學生在實作中成長。嘗試錯誤乃學生由錯誤中記取教訓，由挫折中逐漸檢討，以愈挫愈勇的態度迎接學習問題，以檢討改善的心態突破學習問題。

　　余紫瑛（2000）提出探索活動的類型，大致可分為下列幾種：(1)破冰活動（此處稱作暖身活動），乃增進學生互相認識的機會，利用趣味性的活動或遊戲使學生逐漸熟悉彼此；(2)觸發活動，乃提供一種學習情境，使學生願意在

眾人面前充分自我表露，克服退縮心態與不自在的感受；(3)信任同理活動，乃透過一系列生理與心理冒險的活動，使學生能彼此產生安全與信任感；(4)溝通活動，乃透過傾聽、口語溝通、肢體表達的體驗，增進學生思想、感覺和行為的溝通能力與技巧；(5)問題解決活動，乃激勵學生嘗試錯誤並進行系列性的問題解決活動，以增加彼此協調、合作、解決問題的能力；(6)社會責任活動，乃針對先前破冰、觸發、信任、溝通、問題解決等活動的體驗與收穫，使學生能有效評估和運用個人在團體中的優點和缺點；(7)個人責任活動，乃提供學生挑戰自我的機會，以發展其克服挫折、壓力、恐懼的能力。上述七項活動均需充分發揮「親身體驗、做中學、嘗試錯誤」的精神。

三、體驗乃延伸生活實踐

　　學習是為了提升自己能力、用之於日常生活、創造更美好的社會。體驗若僅限於認知、內化，而未能延伸到日常生活具體實踐，則與以往重視知識與概念，輕忽能力與行為的陋習無異。因此，體驗學習乃為生活而學習的「實踐式」學習，並希望使學生以更豐富、更多元、更具信心的方式表現自己。

　　綜合活動學習領域著重體驗意義與生活實踐，讓學生接觸真實的環境事物，掌握體驗事物及現象的感覺，進而將此體驗概念化、實踐化與生活化，正符合九年一貫課程強調「給學生帶得走的能力，而非背不動的書包」的精神，亦闡述「給學生可用、能用、有用的實踐能力，而非死背、死記、死讀的空泛知識體驗」的理念。

貳、體驗與省思學習的歷程

　　體驗學習源自Dewey「做中學」理念，強調個體從實際操作與力行過程，體會省思進而尋求意義與價值。日常生活個人體驗的內省素材隨手可得，如童軍露營後討論注意與改進事項，運動會後檢討班級參與狀況與來年努力策略，師生討論學習心得以改善學習方法。然體驗素材若無詳細規劃，徒有親身體驗，仍難以用之於生活情境，更無法建議有意義的經驗。

　　Dewey（1916）依據體驗涉入省思的程度，將體驗分為「試誤式體驗」

（trial and error experience）與「省思式體驗」（reflect experience）。「試誤式體驗」乃嘗試一種方法錯誤後，繼續嘗試其他方法，直到成功為止，後運用成功方法解決問題。但若未能瞭解行動與結果之關聯，則此表面成功的方法未必能解決問題。「省思式體驗」乃嘗試一種方法錯誤後，分析錯誤原因與結果間的關聯後，再繼續嘗試其他方法，直到成功為止，後運用成功方法解決問題。Dewey（1916, p.170）強調「省思乃有意圖的努力，發掘所做的事與導致結果的具體關係，力求將行動與結果產生連結」。

Dewey的省思式體驗包括五項步驟：(1)對所處情境感到有些困惑或懷疑；(2)約略瞭解現存要素可能導致的結果；(3)深入探查用來解釋、釐清問題的要素；(4)分析初步假設，使假設準確化；(5)以行動測試假設（Knapp, 1992, p. 31）。試誤式體驗與省思式體驗主要的差別在於第三與四步驟所涵蓋的範圍與精確程度。

Jones 與 Pfeiffer（1979）提出體驗學習的五階段循環歷程為：(1)參與：參加體驗活動；(2)表述：在團體中公開分享觀察所見、感受或其他反應；(3)省察：有系統地檢視前一階段所形成的動力與模式；(4)歸納：自前一階段擷取所獲得的意義，並與日常生活連結，乃「知其所以然」的學習；(5)應用：學習者將彙整的意涵與原則應用於實際的情境，並說明如何應用此新知或態度。

Joplin（1981, p.17）認為只有體驗不足以稱為體驗教育，唯有透過省思的體驗轉化，方可稱之體驗教育。同時提出體驗學習的五階段模式依序為：挑戰性活動、專注、省思（或分享）、支持與回饋，此五階段形成一完整的循環歷程。省思階段應採用討論、共同寫作、一起完成報告、表演等公開形式進行。

Knapp（1992）認為提煉礦物乃將挖出來的礦砂不斷的提煉，以萃取出最有價值的礦物；欲強化連結與探索深層意義，必須投注心力不斷提煉隱藏在體驗中的豐富內涵。Knapp（1992）強調「體驗與省思的兩階段學習」觀點，即先進行體驗活動引導學生省察剛才感受的體驗，教師再運用各種省思的形式與策略將學生的行動與後果連結，提高洞察能力，後應用省思收穫，實際展現省思成果。

Henton（1996）提出探索活動的歷程可分為三階段，將此三個階段轉換為體驗學習的歷程：一為，先備引導（brief）：活動開始進行前，領導者將活動

的情境、遊戲規則、目標與安全事項完全告知團體成員。除應闡述安全注意事項之外，最重要的是活動目標的設定、澄清和架構，可因參與者的需求而討論調整，亦可由此建立全方位價值契約——共同的行為規範。二為，進行體驗（activity）：領導者尊重參與者是否直接參與活動的決定，參與者決定挑戰與否，完全得到領導者的支持。三為，分享回饋（debrief）：領導者適時激勵參與者省思剛才活動歷程與結果的意義，並共同參與討論及分享心得，此時領導者常運用三種問題型態：(1)What？係指在活動中所發生的現象，包含問題及事實；(2)So what？係激發參與者將其活動經驗與舊有經驗連結並觸及可能的新經驗；(3)Now what？係鼓勵參與者將活動中習得的經驗或技巧，應用至下一個活動或日常生活。

　　茲說明三明治的體驗省思學習、體驗活動後的三階段省思，以及分組體驗省思的班級教學歷程如下：

一、三明治的體驗省思學習

　　綜合Dewey（1916）的「省思式體驗的五項步驟」、Jones與Pfeiffer（1979）的「五階段體驗學習循環歷程」、Knapp（1992）的「體驗與省思的兩階段學習」觀點，及筆者帶領體驗學習的經驗，提出「三明治的體驗省思學習」模式，謹將基本的三個步驟說明於下：

(一) 初步體驗階段

　　第一階段初步體驗係著手進行體驗活動，教師於預定介入時機或隨機適時主動介入，引導學生省察剛才感受的體驗。此階段與Jones與Pfeiffer（1979）提出體驗學習的五階段循環歷程中的「參與、表述」兩歷程非常相近。亦與Henton（1996）探索活動三階段的「先備引導」、「進行體驗」，相當接近。教師於「初步體驗階段」，宜提出稍具難度的體驗活動，引導學生參與，尊重其參與意願，並激勵其在團體中公開分享觀察所見、感受或其他反應。依據Henton（1996）觀點，此階段的三項重點工作為：

1. 定向引導：教師詳細說明活動目標、安全須知、遊戲規則、活動情境，及其他重要事項，若能輔以文字說明更佳，如製作壁報紙、活動說明書，或PowerPoint來輔助說明。

2. 討論並釐清疑惑：引導學生提出活動疑問，再度釐清活動目標與遊戲規則，並建立全方位價值契約。全方位價值契約可用以尊重每位參與者的公平性、差異性、體能與身體狀況，及作為團體的共同行為規範，體驗活動宜引導參與者同意承諾團體所訂契約。余紫瑛（2000）認為全方位價值契約的行為規範，包含下列五項：(1)出現：排除令人分心的人、事、物，全力投注於活動學習；(2)專心：將自己的注意力集中在經驗與活動的瞭解，傾聽他人的話和自己內在的聲音；(3)說真心話：每個人對活動經驗的感受，都是非常重要，而且是獨一無二，大家應自在誠實說出真心話，並虛心聆聽他人的意見；(4)開放的態度：即使對於活動經驗持有成見或心懷恐懼，試著放棄這些成見或恐懼，儘量避免在活動結束前做任何評斷；(5)身體與情感上的安全：在團體中每個人都有責任維護一個安全的學習環境。不論是言語或肢體行為都要給予注意與支持，盡可能給予同伴最大的支持與鼓勵，也相信他人會同樣支持你。

3. 實際體驗：正式進入活動體驗階段，理想上是每個學生均參與活動，但因體驗活動本身具有挑戰性，並非每個人都願意參與挑戰，亦非每個人的身體狀況均可以承受挑戰，故教師必須尊重學生是否直接參與活動，是否參與挑戰，學生參與活動的內涵、深度與時間，完全得到教師的支持與尊重。縱使學生不直接參與活動，但是旁觀他人活動，亦可收到間接學習的效果；另外，可能產生原本不直接參與活動，觀察他人參與活動一段時間後，有些學生可能願意嘗試，因此，教師宜適度徵詢未參與者的意願，鼓勵但尊重其參與意願。

(二) 省思階段

　　第二階段省思乃教師運用各種省思的形式與策略，將學生的行動與後果連結，提高洞察能力。此階段與 Jones 與 Pfeiffer（1979）提出體驗學習的五階段循環歷程中的「省察、歸納」相當接近。教師於「省思階段」，宜引導學生有系統地檢視前一階段所形成的動力與模式；再歸納自前一階段所獲得的意義，並與日常生活連結。

　　若初步體驗階段已完成任務，則不必進行下面的「重複體驗階段」，直接進入「體驗活動後的三階段省思」。

(三) 重複體驗階段

第三階段重複體驗乃應用省思收穫，提供類似情境或延續未完成情境，實際展現省思收穫。此階段與 Jones 與 Pfeiffer（1979）提出體驗學習的五階段循環歷程中「應用」頗為接近。教師於「重複體驗階段」，宜引導學生將彙整的意涵與原則應用於實際的情境，並說明如何應用此新知或態度。

三明治的體驗省思學習「介入」時機乃引導學習的重要關鍵，可分下列兩類介入方式：

1. 計畫性介入的三明治體驗省思：價值拍賣、省思、分組重組再拍賣、再省思、前後拍賣省思比較。
2. 適時性介入的三明治體驗省思：體驗活動發現學生未掌握精髓，立即介入省思分享，獲得省思結果後再體驗，體驗後再省思，並進行前後比較。

二、體驗活動後的三階段省思

教師擬定教學目標或討論題目時應預留彈性，因每一點的轉彎處可能是「適合教學的時機」，教師必須彈性、機靈的處理教學情境。

Gaw（1979, p.152）主張事先擬定省思題目有其優缺點，缺點乃可能使得教師僅專注於擬好的題目，卻忽略體驗歷程所啟發的觀念、議題、理念或感受。優點乃若體驗依計畫進行，擬好的討論題目可做為教師控制體驗速度、深度與強度的工具；若未依計畫進行，仍可依據實際狀況篩選合適的題目進行討論，免於慌亂。使用事先擬好的題目，沒有決定的優劣，端視教師如何善用、靈活運用而定。

體驗活動後，為避免將體驗或探索活動當遊戲玩，教師必須熟練引導技術，善用各種發問技巧，如價值澄清、具體化等技術，引導學生自己提出問題的答案，並避免「由教師提出答案」、「由教師講解活動的意義」、「活動或討論流程混亂甚至顛三倒四」，及「偏離實踐體驗省思的理念」等四現象。另外，引導時必須注意「時間」限制，善用「所見略同」回饋，避免不必要的時間浪費。彙整學者觀點與個人經驗，三階段省思的問題如下：

(一) 事實階段（陳述現在行動或事實）：

此階段與 Henton（1996）提出的「What？」相似，常見的問題為：

1. 整個活動，讓你想到什麼？體會到什麼？
2. 活動中發生了哪些事情（問題或事實）？
3. 活動過程你做了什麼？有什麼貢獻？
4. 對你重要或印象深刻的事情是什麼？
5. 你發現哪些新的事情？

(二) 思考與感受差異階段（沉澱行動的歷程，看行動怎麼來的，往回走）

此階段與 Henton（1996）提出的「So what？」相似，常見的問題為：

1. 你怎麼辦到的？你是怎麼完成的？
2. 你做了哪些準備？
3. 活動前後的感受或想法有什麼不同？
4. 經由這次體驗，你在知識、技巧、態度或情緒有改變嗎？如果有請說說看？
5. 整個活動，讓你想到以前哪些事情和這次活動很像或很不一樣？為什麼？
6. 整個活動，和你們的生活中，有那些類似的情況？
7. 為什麼這件事情對你有幫助或沒有幫助（由當事人自己詮釋）？

(三) 整合階段（產生行動力量強化自我認識，再從新的自我認識走向未來）

此階段與 Henton（1996）提出的「Now what？」相似，常見的問題為：

1. 經歷這樣的活動之後，你對自己的看法有什麼不同？
2. 對自己有什麼新的認識或看法？
3. 有什麼能力或特質可以完成這件事情或任務？
4. 整個活動，讓你想到以後要怎麼做（或改進）？
5. 這些事情對將來有哪些幫助？
6. 什麼時候可以運用來解決類似的問題？
7. 你現在想跟誰分享？
8. 你現在或未來想跟誰分享哪些心得？

三、分組體驗省思的班級教學歷程

綜合活動學習領域教學的型態乃以班級、社團為主，而班級、社團必然涉及團體動力；本領域教學欲提供更從容地表達並省思自己的體驗時間與機會，必須減少大班級分享的次數，增加分組時間。

　　班級或社團在教學或輔導的歷程，Corey（1995）、Gladding（1995）均將團體發展歷程分成團體形成階段（forming stage）、轉換階段（transition stage）、工作階段（working stage）及結束階段（termination stage）等四個階段。Stanford（1977）將班級團體發展分成定向階段（orientation stage）、規範建立階段（norm establishment stage）、衝突階段（conflict stage）、生產階段（productivity stage）及結束階段（termination stage）等五個階段。可見，班級或社團的發展具有階段性，雖然名稱互異，但實質的發展歷程均同，即由團體形成之初的定向階段，到團體規範逐漸建立與衝突逐漸化解的轉換階段，再到發揮團體生產力的工作階段，最後到團體尾聲的結束階段。李坤崇（1998b）依據Corey（1995）、Gladding（1995）觀點將團體發展分成四個階段。然因國內教師實施班級團體輔導者為數仍不多，故於團體發展四個階段前後，各加「準備階段」與「追蹤階段」，讓教師於團體形成前做更充分的準備，團體結束後進行適切之追蹤輔導，乃提出「準備階段、形成階段、轉換階段、工作階段、結束階段、追蹤階段」等六階段的班級團體輔導歷程。

　　謹參酌Corey（1995）、Gladding（1995）與李坤崇（1998b）觀點，及筆者多年帶領體驗學習的經驗，提出「分組體驗省思的班級教學歷程」，分成五個階段說明如下：

(一) 分組預備階段（實施體驗或省思前的分組）

　1.教師主要工作（思考分組方式、組數與人數、做好分組準備）

　　(1) 營造良好的教師形象，有助於營造「信任、接納、適度挑戰、相互尊重」團體氣氛。

　　(2) 選取適合帶領省思式體驗班級團體輔導的單元，並非所有單元都適用此種方式。

　　(3) 複習帶領班級團體輔導、體驗省思的相關技術，以專業技術引領學生體驗省思。

　　(4) 研擬分組體驗學習的流程、實務細節與準備所需用具。

　　(5) 分析團體成員的特質、能力、經驗、語言表達能力。

　　(6) 安排從容的時間進行體驗省思。

　　(7) 適切安排體驗的場所，以安全、便於互動、體驗為原則。

(8) 適切安排省思時的空間位置，以組內同學彼此看到、聽見意見為原則。

(9) 不要給自己過高的期待。

2. 可能遭遇問題

(1) 班級團體氣氛欠佳，分組後省思流於浮華造假。

(2) 分組方式不當或缺乏明確計畫，開始一團亂。

(3) 同學起點行為不足，未能充分分享、表達與批判省思。

(二) 分組後體驗或討論前階段（定向與探索）

1. 教師主要工作（接納、認同與信任）

(1) 引導同學訂定團體規則，如保密、尊重、秩序。

(2) 釐清分組討論的意義、任務或要求，確保各組能瞭解其任務與要求。輔以文字說明更佳。

(3) 告知各組同學積極參與的原則與方法，引導其積極參與或自我約束。

(4) 教師的態度（如關懷、傾聽、接納、笑容）比體驗、輔導技術重要。

(5) 「同理心」比「提供建議」重要。

(6) 鼓勵各組同學自由發表意見，發表後先予接納、鼓勵，再與其討論。

(7) 善用「問、想、寫、說」步驟，引導不善發言者發表意見。

(8) 尊重各組同學省思階段有沉默、不發言的權力，並提供安全分享的情境。

(9) 協助各組同學表達其恐懼與期望，增進對團體的信任感。

(10) 協助各組同學揭露對團體討論內涵的想法和感受。

(11) 教導各組同學基本人際交往技巧。

(12) 儘量讓各組每位同學參與討論或活動，表達對團體的預期與希望。

(13) 引導各組每位同學積極傾聽其他各組同學意見。

(14) 引導各組每位同學就其他各組同學意見提出各種不同的想法。

(15) 確保各組所有同學均參與團體互動，避免有各組同學遭到排斥。

(16) 隨時記錄重要的建議與事件。

2. 可能遭遇問題

(1) 各組未能釐清任務與要求，使得討論無法聚焦。

(2) 各組同學抱持「看戲心理」，等待他組說，或冷眼看團體發展。

(3) 各組同學過於競爭，將焦點置於贏、好玩，疏忽學習本質。

(4) 各組同學堅持自己的想法，不與團體互動，或排斥討論。

(三) 分組後體驗或討論初期轉換階段（處理抗拒）

1. 教師主要工作（主動介入與組織，減低焦慮與自我防衛）

(1) 巡迴各組覺察各組問題，如失焦、沉默、抗拒，或體驗敷衍。

(2) 注意問題跡象，告知組內同學失焦、沉默、抗拒是自然、有益的反應。

(3) 若組內同學仍不熟悉，宜引導相互認識、表達焦慮，有助於抒解焦慮。

(4) 若有些組表達任何負向情感、抗拒體驗，或出現衝突情境，且組內無法以團體動力化解，則宜立即介入。

(5) 留意若有些組討論初期過程過早自我揭露，或體驗方式不當，可能受到傷害時，宜立即介入暫緩自我揭露。

(6) 協助問題較多的組之後，再處理其他組。

(7) 若發現各組共同問題，暫停活動，立即全班說明與處理共同問題後再繼續。

2. 可能遭遇問題

(1) 抗拒體驗或行為可能出現安全問題，使活動難以持續。

(2) 組內同學不願意從事具冒險性的體驗活動，或不願意表達消極情緒，加深對團體不信任感。

(3) 組內同學可能依據問題類型而被歸類，自我認知或被別人加上標籤。

(4) 若不願意體驗或討論時，「面質」處理不當，組內同學防衛心態會加重。

(5) 可能形成小小團體，彼此較勁或衝突，在團體外敵視而在團體內沉默。

(四) 分組後效能階段（體驗、省思、凝聚力與效能）

1. 教師主要工作（增進省思，提高凝聚力，探討問題，採取有效行動）

(1) 適時予以各組口頭或行為鼓勵，激發正向團體氣氛。

(2) 覺察組內同學語言、肢體訊息，瞭解其體驗、省思階段的態度。若氣氛轉劣，可詢問組內同學感受，調整體驗或省思方向，嚴重時應停止省思。

(3) 若體驗中斷，宜先進行低威脅、具體情境的活動，再呈現高威脅、抽象應用的情境。

(4) 若省思中斷，引導先從組內同學較熟悉、共同之主題討論，再探討其他主題。

(5) 若由組內特定的同學主控時，應引導組內安靜的同學參與。

(6) 小組省思時自由發言較舉手發言為佳，但大團體討論仍宜舉手發言。

(7) 適度自我開放或示範適宜行為，引導組內同學體驗、自我開放或省思。

(8) 鼓勵組內同學探討「此時此地」的事情。

(9) 適度提出教師對團體的觀察，但不宜占據組內同學體驗或發表時間。

(10) 若出現人身攻擊，宜提醒該組同學針對「問題」就事論事討論。

(11) 視需要協助組內同學認識彼此的矛盾衝突，研討與生活連結或直接、有效的解決策略。

(12) 催化組內同學相互傾聽、融入團體，共同研討有效策略。

(13) 激勵組內同學交叉對談，激起組內同學對談動力，避免教師單向引導。

(14) 花時間引導組內同學思考如何將學到的新事物用於未來情境。

(15) 鼓勵組內同學嘗試新行為，體認於日常生活行動化的必要性。

(16) 不一定每項體驗活動均必須省思，若要省思則宜立即於活動後實施。

2. 可能遭遇問題

(1) 為團體和諧，礙於情面，勉強體驗，造成壓力過重。

(2) 組內同學省思可能會因面質而承受較多壓力。

(3) 組內同學可能會對他人具有強烈情緒，而感到焦慮退縮。

(4) 組內同學發現無法將認知改變化為行動，或提出具體解決問題的策略。

(五) 分組或全體結束階段（鞏固與終結）

1. 教師主要工作（澄清團體經驗的意義，激勵經驗行動化）

(1) 事先決定結束方式，採組內結束、各組代表報告後結束、全班討論後結束，或其他結束方式。

(2) 不論何種結束方式，結束前應重複說明活動任務與學習目標，讓未達成目標同學仍能瞭解活動意涵。

(3) 協助同學處理團體結束引發的任何情緒，如傷感或焦慮。

(4) 預留時間、機會予同學處理或省思未了的事情，強調屢敗屢戰的信心。

(5) 納入同學相互提供建設性回饋的活動，激勵正向思考。

(6) 協助同學統整思想架構與團體經驗，作為再度出發的參考。

(7) 鼓勵同學訂定契約，身體力行，將討論結果或心得用於日常生活。

(8) 再次強調活動結束後，保密的重要性。

2. 可能遭遇問題

(1) 同學無法省思、回顧所學，一副毫不在乎心態。

(2) 有些同學省思後衍生困擾，應實施個別輔導或小團體諮商。

⠿ 第三節　體驗教學的策略 ⠿

　　李坤崇（2001a）認為國內國中小教師對體驗學習較為陌生，若用講述原則來推動體驗學習將適得其反，提出教師實施體驗學習的五項原則：(1)著重生活實踐，而非逼真的戲；(2)尋求自我超越，而非表現最佳；(3)強調與其他活動相結合，而非孤立活動；(4)延伸體驗場所，而非侷限學校；(5)重視質的豐富體驗，而非量的豐富。

　　體驗學習雖較傳統教學生動活潑，較能提高學習興趣，較能深度接觸內心世界，更能自我探索與自我省思。李坤崇（2001a）提出教師引導學生學習仍應遵循下列原則：(1)學生係學習的主體；(2)體驗源自親身參與與省思；(3)活動安全重於活動意義；(4)空間與設備規劃力求完善；(5)評量重心在省思與實踐。

　　教師帶領體驗學習的基本信念是「學生是學習過程中主動建構意義的主角，教學旨在引導學生學習」。體驗教學除了有正確理念外，更需輔以有效策略，方能達成體驗目標。

壹、營造體驗學習的情境

　　綜合活動學習領域係透過實踐、體驗與省思，來建構內化的意義。然為建構意義與價值，必須有適切的情境，因此，體驗學習應營造一個適合尋求意義與價值的情境。林杏足（2003）提出「自尊發展建構圖」，經納入尋求意義與價值，修改為「自尊、尋求意義與價值的發展建構圖」，詳見圖 1-1。

　　由圖 1-1「自尊、尋求意義與價值的發展建構圖」可見，自尊、尋求意義

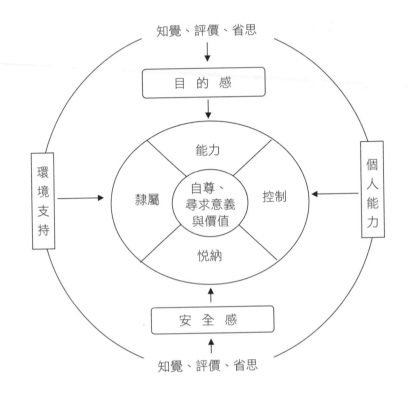

圖 1-1　自尊、尋求意義與價值的發展建構圖

修改自：林杏足（2003）。**青少年自尊促進方案的理念模式及應用**（頁7）。彰化市：國立彰化師範大學輔導與諮商學系。

與價值必須營造有悅納感、隸屬感、控制感、能力感的內在情境，以及有目的感、安全感、適合個人能力，及環境支持的外在情境。其中，適合個人能力乃活動選擇，環境支持則偏重行政支援，教師實施體驗學習的首要任務應針對目的感、安全感、悅納感、隸屬感、控制感、能力感等六項內涵，提出教學策略目標、環境支持指標，及學生技巧指標，方能適切營造學習情境。參酌林杏足（2003）的青少年自尊提升方案架構表，提出「營造班級體驗省思情境之架構表」，詳見表 1-1。

表 1-1

營造班級體驗省思情境之架構表

內涵	教學策略目標	環境支持指標	學生技巧指標
目的感	1. 協助學生釐清活動目標，並確認其瞭解。 2. 鼓勵學生對活動目標質疑或延展，提高激勵其參與感。 3. 若目標難度較高，鼓勵其研擬分階段達成的目標、計畫或行動步驟。 4. 鼓勵學生將活動目標與學習／生涯目標連結。	1. 引導學生說出或寫出活動目標，以確認其瞭解。 2. 允許、鼓勵、發展創意，鼓勵其用創意方式達成目標。 3. 鼓勵嘗試有目的性的活動，並導引到學習／生涯目標上的連結。 4. 提供機會，協助學生可以實踐其個人生活目標或願景。	1. 表達溝通能力。 2. 創意思考能力。 3. 安排生活與時間管理的能力。 4. 生涯規劃技巧。 5. 自主學習的能力。
安全感	1. 協助探索及學習環境中的各項規則，建立學生的責任感。 2. 協助學生發展對環境的安全感，以因應環境。 3. 協助學生發展對他人的信任及形成自我信賴的基礎。	1. 建立一套規則使學生有依循之原則，如班規、分組約定。 2. 公平且一致地堅定執行規則，幫助學生免於焦慮與恐懼。 3. 提供學生發展自我負責、自我管理的途徑與氣氛。 4. 尊重並維持學生的需求與權益。 5. 體驗到所處的環境及規則是可以被預測的。 6. 能感受到被負責的成人照顧及保護的感覺。	1. 能明白及遵守學校／班級／小組的要求與規範。 2. 能覺察情緒並主動尋求資源，以因應焦慮不安。 3. 探索及發展滿足個人需求及環境要求的適當行為。 4. 能探索並發展自己的能力，以掌控自己與環境。
悅納感	1. 協助學生感受到被喜愛及被接納的感覺。 2. 接受自己與他人的獨特性，並且能學習欣賞彼此的優缺點。 3. 學習欣賞彼此的相異點，不因彼此的某些差異造成隔閡。 4. 發展學生內在堅定的自我價值。	1. 協助學生發展親近的同儕關係。 2. 感受到彼此的關愛與支持。 4. 感受到環境可讓其無憂地表現真實的自己。 5. 容許彼此有不同的想法、經驗、生活背景、生理條件。	1. 能表達對他人的關心和支持。 2. 能探索並認識彼此的身體、想法、生活經驗、家庭文化背景。 3. 能認可並接受自己的優缺點。 4. 能夠分享自己與他人不同之處與肯定獨特性。 5. 能體察並珍視內在的需要、感受與想法，勇於做適當的分享與表達。

（續下頁）

內涵	教學策略目標	環境支持指標	學生技巧指標
隸屬感	1. 在接納的環境，提供互動的機會，發展支持性的行為，促進團體的凝聚力，及在團體的認同感。 2. 投入與參與團體以獲得支持與隸屬感。 3. 協助瞭解自己在團體中的定位與重要性，以增加價值感。	1. 運用合作學習策略，鼓勵共同完成任務，促使學生能發展才能，並欣賞差異。 2. 提供各種機會和活動，鼓勵參與及增進學生互動，以催化正向的社會關係。 3. 形成小組成員相互支持和鼓勵的合作氣氛，以達成團體目標。 4. 感受到自己的獨特性及做為團體一份子的重要性。 5. 喜歡此團體，以身為此團體成員為榮，並以達成團體任務為榮。	1. 具有人際互動與連結、相互瞭解、支持的社交能力。 2. 參與團體和班級活動，發掘並貢獻自己的能力。 3. 具有對他人正向回饋的能力。 4. 能夠與人分工合作，完成任務。 5. 能敏察並認同團體目標與需要，相互協調及合作。
控制感	1. 能確知自己能達到合理行為目標。 2. 經由選擇、決定、負責的過程，發展作決定及自主能力。 3. 培養挫折容忍度，因應環境的挑戰與壓力。 4. 增加自我責任感，能對事件的成敗負起責任。 5. 發展自己與環境的掌控感。	1. 運用各種情境安排，鼓勵學生去選擇，作出判斷，並嘗試問題解決的各種方式。 2. 鼓勵面對新的挑戰，並協助學生發展合理目標，評估結果，並調整計畫。	1. 探索及瞭解自己的能力與限制。 2. 能擬定合理目標，發展作決定的能力，並能對自己的選擇與決定負責。 3. 具有挫折因應技巧，知道如何面對批評與挫折。 4. 能客觀分辨「事件成敗」、「自我能力」、「外在環境」的關係。 5. 具積極、樂觀的歸因能力。
能力感	1. 協助學生體驗到成就感、勝任感及效能感。 2. 增進學生對自我能力的瞭解、覺察及其可能性與限制。 3. 瞭解自我能力與潛在能力，及如何尋求資源。	1. 提供適當難度的活動，讓學生可以有「我做得到」的想法、感覺。 2. 能體驗到自己的能力及特長。 3. 提供機會讓學生尋找、發現，並認可自己的成	1. 學生具有勇敢嘗試和面對挑戰的意願。 2. 正確評估自己的能力與限制。 3. 能運用各種能力，來滿足其人際、學習及生活中之需要。

（續下頁）

內涵	教學策略目標	環境支持指標	學生技巧指標
		功經驗。 4. 安排多重回饋的途徑，並協助學生學習自我評鑑與修正。	4. 能欣賞自己的表現和成果。 5. 具有解決問題及尋找資源的能力。

資料來源：修改自林杏足（2003）。**青少年自尊提升方案架構表**（頁 8-10）。彰化市：國立彰化師範大學輔導與諮商學系。

貳、體驗學習的帶領技巧

　　Pearson 與 Smith（1988）認為體驗式省思的教師必須具備足夠的專業技巧，如團隊中的人際處理、介入的手法與時機。並指出「學習帶領技巧的最佳途徑乃實際操作，並觀察別人帶領目的性、批判性省思的過程」。同時，提出帶領省思的六項要素：(1)認同省思式體驗的核心地位；(2)預先計畫切入省思的適宜時機；(3)體認增進帶領技巧的需要性；(4)訂定明確的活動意圖、目標與目的；(5)設定體驗的「認識途徑」、「知識型態」，及確立合適的分享結構與互動模式；(6)建立信任、接納、冒險與尊重對方感受、認知、論點的情境。

　　Caine 與 Caine（1991, p.8）提出體驗教學的三項建議：(1)設計讓學習者樂在其中的多樣化與互動化學習體驗情境；(2)提供具挑戰性或有意義的體驗情境；(3)引導學習者透過自我省思以洞察問題。教師主要的任務是「為學生設計、安排生動豐富且適當的體驗活動」與「確保學生對體驗有所省思，並從中擷取意義」。

　　教師應該有一套計畫，隨時配合學生的反應適當調整，教師應該知道什麼時候該介入，什麼時候該保持沉默，什麼時候主導，什麼時候配合。Knapp（1992, p.40）指出帶領體驗學習的教師應扮演的角色：(1)召集學生開始課程；(2)執行相互認識的活動；(3)察覺個人、各組的差異；(4)支持或維護安全的學習氣氛；(5)實施共識下的規範與指導方針；(6)支持具挑戰性的學習活動；(7)帶領團隊體驗的省思；(8)履行共識下的目標與方針；(9)塑造正面的學習態度與行為；(10)觀察、傾聽與評量；(11)總結與引導活動的結束。然若按照上述

步驟照本宣科，必然無法達到理想效果。教師應該發展出一套與個人教育理念或學習信念相容的獨特教學風格。

　　教師塑造獨特教學風格需要「獲得支持」，尤其是「長官」、「同儕」、「學生」的支持，體驗學習讓學生樂在其中的學習，必然獲得學生支持。但是否獲得「同儕」、「長官」支持，則與教師所處的學校組織氣氛與教育情境息息相關，若教師無法獲得上述支持，可透過網路連結獲得支持。教師獲得支持與否將攸關持續的動力。

一、帶領體驗省思的要訣

　　Knapp（1990, p.196）提出教師帶領體驗省思的要訣如下：

1. 研擬適合成員參與的體驗活動，且教師能力能夠勝任。
2. 實施時應適時的與成員分享活動目標。
3. 實施體驗省思前，應盡可能讓成員相互認識。
4. 安排從容的時間進行體驗省思。
5. 明確向成員說明團體基本規則與行為規範，若時間允許，宜與成員共同研擬。
6. 強調保密的重要，尤其是私人敏感的話題與人際議題。
7. 尊重成員省思階段有沉默、不發言的權力，並提供安全分享的情境。
8. 檢視成員能力與引導自我省思。
9. 花時間引導成員思考如何將學到的新嘗試錯誤的心得運用於未來情境。
10. 強調成員是學習過程的主角，省思乃在協助其透過體驗來學習。
11. 覺察成員語言、肢體訊息，瞭解其省思階段的態度。若氣氛轉劣，可詢問成員感受，調整省思方向，嚴重時應停止省思。
12. 適時予以口頭或行為鼓勵，激發正向團體氣氛。
13. 若由特定成員主控時，應引導安靜的成員參與。
14. 不一定每項活動均必須省思，若要省思則宜立即於活動後實施。
15. 適度提出教師對團體的觀察，但不宜占據成員發表時間。
16. 適切安排省思時的空間位置，以成員彼此看到、聽見意見為原則。
17. 隨時記錄重要的建議與事件。
18. 激勵成員交叉對談，激起成員對談動力，避免教師單向引導。

19. 小組省思時自由發言較舉手發言為佳，但大團體討論仍宜舉手發言。

20. 重複說明團體任務與學習目標，讓未達成目標成員仍能瞭解活動意涵。

21. 省思活動宜先進行低威脅、具體情境的活動，再呈現高威脅、抽象應用的情境。

二、營造省思團體氣氛的技巧

　　帶領省思式體驗學習，必須先營造「信任、接納、適度挑戰、相互尊重」的省思團體氣氛，通常團體組成與運作會產生「評價、控制、手段、中立、優越、絕對」的防衛性氣氛。Walter 與 Mark（1981）認為團體氣氛若強調「評價、控制」與主張「優越」，易引發緊張、較勁；若強調「手段」易引發公平性的質疑與恐懼不安；若強調「絕對」易阻絕個人參與決策的機會，貶抑個人意見的價值；若強調「中立」則隱含對彼此的漠視。

　　Knapp（1992, pp.44-45）認為欲營造支持性的團體氣氛，教師的帶領技巧如下：(1)描述事件，而非評論事件；(2)鼓勵學生考慮可能問題，不宜企圖掌握每一件事；(3)採取自然與彈性的作法，避免被預先計畫的內涵與步驟絆住；(4)同理學生感受，而非一味採取中立或客觀的立場；(5)製造平等、一起學習的態度與氣氛，而非凸顯優越的氣息；(6)展現暫時性或試探性的立場，而非絕對性的原則。

　　蔡居澤（1995，1999）提出實施探索活動應注意下列幾點：(1)回饋分享階段應強調信任及誠實溝通：促使每個成員皆能被接納，且有足夠的時間充分表達自己內心真實的情感恐懼和衝突，但不宜因討論偏題、朝向個人歷史，或防衛性安全語言而造成過度分享；(2)採用三段式的討論法：先讓受試者單純回憶遊戲或活動的歷程，並以口語簡單的描述；再根據自己或他人所描述的內容說出自己的感受，並要求成員體會在活動中是否固守活動或遊戲的規則；後根據前面的思考和感受，反思經驗可否運用到另一個活動或遊戲，甚至於日常生活；(3)審慎分組：進行活動分組時，宜針對活動的性質及內容，考慮性別的差異，採用同性分組或異性分組；(4)注意三種可能的阻礙：探索活動學生可能產生個人內在阻礙（如無意參與或無安全感）、人際間阻礙（如缺乏團體支持）、結構性阻礙（如受限場地或時間）等三種阻礙；(5)實施多

元化評鑑：探索活動的評鑑，應兼採滿意度調查表、態度量表、同儕互評表、當日活動調查表、活動日誌、領導幹部自評表、觀察員紀錄表等等。

參、體驗學習活動設計實例之一：齊眉棍

　　體驗學習較常出現的問題係停留於活動，而疏忽省思。試著參酌南一書局《綜合活動學習領域國中第 2 冊教師手冊》活動 1：「大展身手」，予以改編整理納入帶領體驗學習的歷程與技巧，提出「齊眉棍」的活動設計如下：

一、單元目標

1. 參與班級內部的團體活動，檢討與提出改善方式。
2. 省思團隊解決問題的策略，提升解決問題的能力。
3. 增進良好的溝通模式，促進團體和諧。
4. 體驗團隊合作的重要性。

二、分段能力指標

　　3-4-1 體會參與團體活動的意義，並練習改善或組織團體活動的知能。

三、設計重點

1. 經由「齊眉棍」活動，協助學生體驗團隊解決問題的重要。
2. 透過省思與分享，協助學生檢討與改善解決問題的策略。

四、實施方式

　　解說、齊眉棍活動、全體或分組討論。

五、準備事項

1. 蒙古包玻璃纖維支架四套，上課前組合每套支架將其打直。
2. 若無蒙古包玻璃纖維支架，替代教具為製作風箏的竹條。直線教具愈重，難度愈低，但不宜輕到風吹會動。

3. 碼錶 4 個。

4. 全班分成兩隊,每隊以 15 至 20 人為佳,人數愈少難度愈低。

5. 分組討論與全班討論題目的壁報紙各一張,或製作 PowerPoint(準備電腦與單槍投影機)。

六、活動歷程(約 45 分鐘)

(一)引起動機(約 2 分鐘)

老師說:每個人都有自己的想法,但是如果團體中每個人都有想法,卻不一致,可能會產生衝突或無法達成任務。等一下進行的「齊眉棍」活動,就是要大家靜下心來,想想自己和團體互動的情形。現在讓我們來體驗團體活動與溝通的感受。

(二)定向引導(約 5 分鐘)

1. 將全班分成兩組,每組各發予一支「齊眉棍」(打直的蒙古包玻璃纖維支架)。

2. 說明活動任務:「齊眉棍」活動的目標,是請各組一起將齊眉棍從眉毛的高度慢慢降到地面上。

3. 說明遊戲規則:

   (1) 組員**面對面**只能用**食指背面**「水平托住」齊眉棍,而不只是碰到。

   (2) 組員只要有一個人**食指離開**齊眉棍,就必須重新開始(回到眉毛高度)。

   (3) 開始時告知計時人員,完成活動的時間愈短愈好。

4. 說明活動注意事項(安全須知、活動情境):

   (1) 每組推派一名計時人員兼裁判,判斷各組有無違反遊戲規則。

   (2) 提醒裁判發現組內違反規則,只要說明:「有人違反規則,必須重來。」不必指出誰違反規則。

   (3) 只要達成目標、遵守遊戲規則,各組可發揮創意與團隊合作精神達成任務。

   (4) 活動過程可以討論,但不可以爭吵,避免影響到其他班級上課。

   (5) 組員將手上可能影響活動進行或造成危險的飾品,交給教師或組員代表保管。

(6) 團體中每個人都有責任，共同維護一個安全的活動環境。不論是口語或肢體行為，都要盡可能給予伙伴最大的支持與鼓勵，相信伙伴也會支持你。

(三) 討論並釐清疑惑（約 3 分鐘）

1. 活動開始前，徵詢同學對齊眉棍活動的疑問，如清楚活動目標嗎？瞭解遊戲規則嗎？願意遵守活動注意事項嗎？

2. 儘量鼓勵同學發言，亦可分成兩組，請各組討論後提出疑問。

3. 針對同學或各組疑惑，予以回答。但以重述活動目標、遊戲規則、注意事項為原則，避免給予過多的線索或引導，阻礙團隊創意。

(四) 進行四組齊眉棍活動（實際體驗）（約 5～10 分鐘）

1. 活動進行中，若出現僵持或組員爭執時，宜適度喊停。先對大家的努力予以鼓勵增強後，再針對當時現況，重述「活動目標、遊戲規則、注意事項」，並強調「棍子降下，不是升高」。

2. 若喊停後，各組進行仍出現僵持或組員爭執，建議各組可以暫停活動，一起討論如何達成目標之後，再繼續進行。但為便於計時，各組開始時，應知會計時人員（如教師），各組達成任務後，分別予以鼓勵增強。

3. 若分成四組仍無法在 10 分鐘內達成，則將四組分成八組，降低難度實施。

4. 若有些組先完成，可請其給予未完成組別鼓勵加油。若未完成組別遲未完成，可視情況請完成組與未完成組共同討論達成任務的策略。

5. 若時間允許，各組達成任務後，可詢問同學：「我們可以用更短的時間達成任務嗎？要怎麼做？」然後再進行一次活動，並比較前後兩次時間。

(五) 進行兩組齊眉棍活動（實際體驗）（約 15 分鐘）

1. 將四組整併為兩大組，每組各發予一支「齊眉棍」。

2. 四組併為兩大組後難度提高，給予各組更多鼓勵增強。

(六) 全班分享（約 10～15 分鐘）

1. 請同學自由分享對齊眉棍活動的感受。

2. 同學分享的題目，可包括下列幾項（教師先問前兩題，後問三、四題）：

(1) 整個活動讓我想到什麼？體會到什麼？（What？）

(2) 大家是如何達成任務的？最重要的原因是什麼？（What？）

(3) 活動中發生了哪些印象深刻的事情？（What？）

(4) 活動前後的感受或想法有什麼不同？（So what？）

3. 各題答案宜由學生提出，避免由教師提出。

(七) 老師結語（約 5 分鐘）

1. 支持增強過程表現。

2. 重述活動目標。

3. 摘述分組與全班分享的結果。

七、注意事項

1. 避免活動後老師講解活動的意義。

2. 裁判執法若產生爭議，教師宜立即處理，避免事態擴大。

3. 引導同學將自己的注意力集中在經驗與活動的瞭解，傾聽他人的話和自己內在的聲音。

4. 引導同學瞭解每個人對活動經驗的感受，都是非常重要，而且是獨一無二，大家應自在誠實說出真心話，並虛心聆聽他人的意見。

5. 尊重學生是否直接參與活動，是否參與挑戰，學生參與活動的內涵、深度與時間，完全得到教師的支持與尊重。縱使學生不直接參與活動，但是旁觀他人活動，亦可收到間接學習的效果。

6. 此次活動若時間允許，可先採分組討論，再採取全班較深度之討論。活動進行如 7 和 8。

7. 分組組內分享（約 10～15 分鐘）

(1) 請各組（四小組）同學於組內自由分享對齊眉棍活動的感受。

(2) 同學分享的題目，可包括下列幾項（教師先問前兩題，後問三、四題）：

　　a. 整個活動，讓我想到什麼？體會到什麼？（What？）

　　b. 大家是如何達成任務的？最重要的原因是什麼？（What？）

　　c. 活動中發生了哪些印象深刻的事情？（What？）

　　d. 活動前後的感受或想法有什麼不同？（So what？）

(3) 請各組派代表就上述題目報告討論結果 3 分鐘。

(4) 各題答案宜由學生提出，避免由教師提出。

8. 全班分享（約 10～15 分鐘）

(1) 各組代表報告討論結果 3 分鐘。

(2) 引導全班針對各組代表報告，或分組的四個問題，繼續提出自己的意見。

(3) 若同學已充分體驗並討論出上述重點的感受，且尚有時間，可繼續提出下列問題：

　　a. 整個活動，讓我對班上活動有什麼新的想法或感受？（Now what？）

　　b. 整個活動，和我們的生活中有哪些類似的情況？（So what？）

　　c. 整個活動，讓我想到以後要怎麼做（或改進）？（Now what？）

　　d. 您現在或未來想跟誰分享哪些活動心得？（Now what？）

(4) 各題答案宜由學生提出，避免由教師提出。

肆、體驗學習活動設計實例之二：默契大考驗

　　「齊眉棍」的活動需要使用蒙古包玻璃纖維支架，為減輕教師教材準備負擔，介紹「默契大考驗」活動。此活動係參酌蔡居澤與廖炳煌（2001）《探索教育與活動學校》一書之活動九「默契報數」（頁 48-49）予以改編，不需要花時間準備道具，沒有場地要求，是個隨時隨地可進行的活動，茲呈現活動設計於下：

一、單元目標

1. 體驗團隊的默契。
2. 說明團隊合作的重要。
3. 能與團隊成員共同遵守規則、爭取團隊榮譽。
4. 在團體活動中，表達自己的意見、感受或做法。

二、分段能力指標

　　3-1-2 體會團隊合作的意義，並能關懷團隊的成員。

　　3-2-2 參加團體活動，瞭解自己所屬團體的特色，並能表達自我以及與人溝通。

三、設計重點

1. 經由「默契大考驗」活動，協助學生體驗團隊的默契。
2. 透過省思與分享，協助學生表達自己想法，檢討與改善解決問題的策略。

四、實施方式

解說、默契大考驗活動、全體或分組討論。

五、準備事項

1. 碼錶數個或善用電子錶。
2. 全班分成數組，每組 10 至 15 人為佳，人數愈多難度愈高。
3. 全班討論題目的壁報紙一張，或製作PowerPoint（準備電腦、單槍投影機）。

六、活動歷程（約 45 分鐘）

(一) 引起動機（約 5 分鐘）

老師說：團體中常存在某些默契，也有一些灰色地帶。等一下進行的「默契大考驗」活動，就是考驗團隊的默契，看看大家如何在最短時間達成任務。

(二) 定向引導（約 5 分鐘）

1. 分組，每組 10 到 15 人為原則。
2. 說明活動任務：組員報數從 1 到 30（或組內人數的兩倍），依序被報過且沒有重複。
3. 說明遊戲規則：遊戲規則有五：
   (1) 誰都可以開始。
   (2) 同一人不可連續重複報數。
   (3) 相鄰的人不可以連續報數。
   (4) 若有兩人或多人共同報數，則重來。
   (5) 未經允許成員間不可以溝通。
   視狀況加入：(6)每個人至少報數一次。
4. 討論並釐清遊戲規則疑惑。

(三) 帶領「默契大考驗」活動（約 15～20 分鐘）。

　1. 讓各組均圍成一個大圓圈，以肩並肩為原則。

　2.「愛的鼓勵」之後開始報數，從 1 報到 30。

　3. 不限制報數的前後順序，一切由彼此默契決定。

　4. 直到所有數目從 1 到 30 依序被報過且沒有重複，則任務達成。

　5. 若時間允許，可再進行一次「默契大考驗」，並比較兩次時間差異。

　6. 若各組進行相當順利，可將全班合併成兩大組，或成一大組，進行更難的考驗。

(四) 全班省思分享（約 10～15 分鐘）

　1. 請同學自由分享對「默契大考驗」活動的感受。

　2. 同學分享的題目，可包括下列幾項（教師先問前兩題，後問三、四題）：

　　(1) 整個活動讓我想到什麼？有什麼感覺？（What？）

　　(2) 大家是怎麼做到的？最重要的原因是什麼？（So what？）

　　(3) 大家對「默契」有什麼新發現或新認識？（What？）

　　(4) 在團體中如何培養默契？（Now what？）

　3. 各題答案宜由學生提出，避免由教師提出。

(五) 老師結語（約 5 分鐘）

　1. 支持增強各組表現。

　2. 重述活動目標。

　3. 摘述全班分享的結果。

七、注意事項

　1. 避免活動後老師講解活動的意義。

　2. 過程多予肯定支持。

　3. 可適度納入分組討論。

　4. 若時間與團體討論氣氛許可，可試著將全班討論帶到更多的 So what？Now what？引導同學更深入省思。

⠿ 第四節　省思教學的理念 ⠿

　　省思（reflect）一詞常與「內省」、「思考」、「省察」、「反思」、「分享」……等詞混用，然最適用於綜合活動學習領域教學者為「思考」一詞。Beyer（1987）曾指出：思考是一種全面性的過程，輸入的各種知覺訊息經由巧妙的處理，並提取資料供思考、推論和判斷，故其最主要功能在於評估、分析、批判思考、解決問題、統整和決策。Resnick（1987）認為思考應包含形成多元的想法、認識與主題相關的見解、概括個人體驗、理解事件的意義、解決疑難的問題與辨識謬誤及錯誤推論等六項。Marzano 等人（1988）提出思考有四個面向，分別為：(1)後設認知：注意及控制本身的想法，包括承諾、態度和注意力；(2)批判性思考（決定相信什麼或做什麼）及創造性思考（形成新的思維）；(3)思考過程：獲得觀念、原理原則、新意義及解決問題，或為啟發科學性的探究、新產品研發，或與人交談；(4)核心思考技巧：建立思維區塊，如集中注意力、蒐集資訊、記憶、整理、分析、製成新資訊或想法、整合訊息或評估。

壹、省思的意義與要素

　　省思意義眾說紛紜，包含要素將影響省思能力的培養，因此，先探討省思的意義，再闡述省思的要素。

一、省思的意義

　　Knapp（1992）主張省思的目的乃體驗意義化，而意義的內涵有三：一為「賦予生命意義」，反芻體驗活動對個人的意義與價值；二為「化為實際行動」，將體驗的意義化為實際行動，用之於日常生活；三為「產生情感、思想與行動協調一致的結果」，將過去與目前的經驗、體認連結，將情感、思想與

行動協調，以產生新的體認和欣賞。Knapp（1992）強調省思過程乃學習者經過注意、轉化、分析、重點擷取、再經歷、探索或連結體驗片段等程序，以獲得體認、欣賞、承諾，或有意義與連貫的資料，甚至採取行動。而整個歷程必須處於高支持性的群體情境。省思乃推理性、有規範的回應，不論經由事前計畫或臨場反應，均係下意識將過去的經驗、體認與目前體驗連結，產生新體認與欣賞的歷程，即強化與內化概念、意義與價值的歷程。

　　Jones 與 Pfeiffer（1979）強調：分享個人觀感只是省思的第一步，最重要卻最常被忽略者乃「分享的統整」，透過團體活動、參與者的共同探索、討論與評析（省察），以匯集一股動能。Perkins（1995）依 Sternberg 所提出的智力三元論，強調「省思智力」（reflective intelligence）乃心智能妥善的運用及機智的巧妙布局。此種智力包括：自我管理、自我審查、自我修正調節，亦稱為「心之軟體」。柯華葳（2000）指出「省思」為：透過對對方行為的觀察及自我行為的反省，無時無刻地進行自我評鑑。

　　Costa 與 Kallick（2000a）提出十六項「心智習性」（habits of mind）：(1)堅持（persisting）；(2)控制衝動（managing impulsivity）；(3)以瞭解和同理心傾聽（listening with understanding and empathy）；(4)彈性思考（thinking flexible）；(5)反省思考方式（後設認知）〔thinking about thinking（metacognition）〕；(6)力求精確（striving for accuracy）；(7)質疑並提出問題（questioning and posing problem）；(8)應用舊知識到新情境（applying past knowledge to new situations）；(9)清晰、精準的思考和溝通（thinking and communicating with clarity and precision）；(10)透過各種感官獲得資料（gathering data through all senses）；(11)創造、想像、創新（creating, imagining, innovating）；(12)擁有好奇與讚嘆的反應（responding with wonderment and awe）；(13)願意冒險並能承擔責任（taking responsible risks）；(14)有幽默感（finding humor）；(15)能協力思考（thinking interdependently）；(16)敞開心胸不斷學習（remaining open to continuous learning）。上述十六項中的第 4、5、7、9、15 項等五項與思考息息相關，可見，思考技巧乃心智習性的核心。Costa 與 Kallick（2000b）指出省思乃善用與處理來自各種感官的認知與情緒的訊息，予以綜合評估，並延續現有經驗類推到此時情境以外的情境。

　　綜上所述，「省思」乃眾多「思考」中的一種思維歷程，強調「後設認知」、「內省意義」與「實際行動」。「省思」係指個體在高支持性的群體情境下，監控自己的思考，反芻內省意義，並化為實際行動的歷程，期能將過去與目前的經驗、體認連結，將情感、思想與行動協調，以產生新的概念、意義與價值。

二、省思要素

　　Dewey（1933）認為省思思考乃較佳的思考方式，能有效達成目標，將經驗導向進步與成長。省思思考包括觀察、暗示（suggestion）、意義與理解、判斷等四項重要因素。

(一) 觀察

　　觀察乃獲得資料與訊息的途徑，觀察方法直接影響思維習慣，間接影響行為模式。Dewey（1933）主張省思必須從觀察開始，俾詳細探索各種情境條件。他提出並比較「孤立的觀察方法」與「科學的觀察方法」。

　　「孤立的觀察方法」將觀察本身當作目的，而非獲取驗證觀念與解答問題的工具，如引導幼兒觀察物品形狀、顏色，卻缺乏解決問題的情境，將使得觀察枯燥乏味（Dewey, 1933）。

　　「科學的觀察方法」係將觀察視為驗證觀念、解答問題與提出假設的手段，如要求國中生觀察記錄漲潮退潮時間，作為判斷捕捉潮間帶生物的最佳時間，此活動使觀察不僅具有意義，且蘊含著思考。Dewey（1933）強調觀察資料應具備生動與戲劇變化的特質，才能引起主動探究動機，再循序漸進引導其從觀察活動中培養邏輯思考的習慣與科學態度。

(二) 暗示

　　Dewey（1933）認為經驗並非絕對單一與孤立的事物，若現在經驗與先前經驗相似時，就會引起或暗示先前經驗的某些事物或性質，而被暗示的事物或性質，也會暗示其他與其相關事物。暗示有難易、廣狹、深淺之別。暗示難易乃個體從事物中得到暗示的容易程度，廣狹係暗示數量與範圍，深淺則依個體深思熟慮或探索事物本源的程度而定，然上述判別均需以個體的先前類似經驗而異，同一暗示對不同人或同人不同時間的意義可能不同。暗示具

有活絡思維網路的功能，適度暗示可讓個體脫離迷惑或混亂的困境，激發學習興趣。

(三) 意義與理解

Dewey（1933）主張省思思考乃為得到事實完整的意義，「手段－結果」（means-consequence）的關係乃理解的核心，當事物被用來得到或避免某種結果的手段時，事物便取得意義。要理解意義宜釐清事物、情境與其他事物的關係，若能指出其功能、作用、產生結果或其成因，及如何善用事物、情境，表示個體已經理解，而此事物、情境便產生意義。

Dewey（1933）強調語言文字是承載意義的媒介，學習真正的涵義不是學習事物，而是事物的意義，欲呈現意義必然運用語言文字。符號乃語言文字的訊息，但個體必須具備與意義相同或相似的某些實際情境經驗，才能掌握符號的意義，若僅透過文字來提供意義，未能與事物直接接觸，將難以從文字理解意義。因此，語言文字結合生動的情境經驗，才能免於文字的迷思，才能更深刻理解意義。

(四) 判斷

Dewey（1933）認為良好判斷力係辨別疑難情境、各種特點的價值，排除無關因素，保留有助於結果達成的材料，做最佳的抉擇。判斷力包含洞察力與辨別力，部分為天生稟賦，部分來自後天長時期在類似活動累積的熟悉度。但個體對情境保持高度興趣與沉思默想，吸收大量類似經驗，較易於形成直覺的判斷力。判斷乃分析、綜合相互為用的省思，分析是指分析事物的特性，凸顯特性的意義；綜合係將選取的事實特性，安置在情境中，並與其他意義連結。培養判斷力不能只靠知識的記憶與背誦，必須在實際情境中累積相當豐富的經驗與睿智，更要有不盲從權威與世俗潮流的勇氣。

貳、教師在省思教學的角色

Knapp（1992）認為欲引導學生獲得有意義的學習，不應僅停留於「表面知識」的層次，教師勿一味以傳統的教學方法把學生當成空容器來填滿；而應將表面知識與自然知識，引導學生經由省思的歷程轉化為「產出性知識」，

以達成教育目標。

　　Costa 與 Kallick（2000a）引用 Costa 與 Liebmann 於 1997 年觀點，指出教育人員在規劃課程、教學方法和評量策略時，宜考量「四個階層套疊的教育結果圖」（詳見圖 1-2）。

　　Costa 與 Kallick（2000a）強調四層套疊的教育結果圖的內容外層比內層更為寬廣、包容性更大、更強調學生本位，學生思考程度亦更為提升，且信度更高。其四層的內容如下：(1)以活動為結果：乃以教師為本位的教學觀點，常考慮「在這課中要完成什麼？」「該如何完成？」「如何判斷學生已達成這些目標？」故其所描述出的教育結果，諸如：「今天社會課要播放錄影帶」；

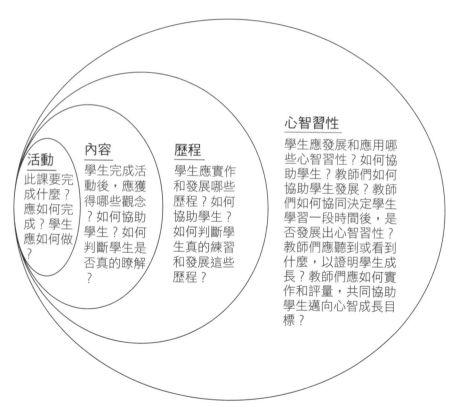

圖 1-2　四個階層套疊的教育結果圖

資料來源：A. L. Costa & B. Kallick, 2000a, *Habits of mind: Discovering and exploring habits of mind*, p.55. by Alexandria, VA: Association for Supervision and Curriculum Development.

評估其教學結果，為「社會課上得是否順利？學生是否專心？或是學生是否從錄影帶學到東西？」等；(2)以內容為結果：教師仍會關心每天進行的活動，然此活動已轉型為學習內容的工具，教師會問「學生完成活動後，獲得哪些概念？」「如何幫助學生理解？」「如何判斷學生是否理解？」；(3)以歷程為結果：教師篩選課程內容，挑選出能形成通則的內容，使課程內容成為工具，幫助學生體驗、練習和應用必要的歷程（包括：觀察和蒐集資料、形成假設並驗證假設、推敲結論及提出問題），使思考更富有創意和批判性；(4)以心智習性為結果：教師以學校社區的共同觀點檢視教學結果，如此課程即會超越學科與年級的界線，此結果即為心智習性。可見，省思教學應推演至「以歷程為結果」的課程安排，並為往後培養學生的心智習性紮根（Costa & Kallick, 2000a; Costa & Liebmann, 1997）。

Costa 與 Kallick（2000b）認為省思歷程中，教師為引導學生成為知識的生產者而非消費者，扮演「發掘意義的促進者」，即扮演學生和學習內涵間的橋樑，以有效的方式引導學生完成學習活動、檢視自我的成長、從學習內容與歷程中建構意義，並將學習成果遷移至其他領域與情境中。除此之外，教師尚須扮演「以身作則的楷模者」，即扮演學生的角色楷模，示範省思的技巧，以供學生進行學習。因此，教師角色必須由傳統講授或填鴨轉而強化下列六項功能：(1)典範：教師若期待學生有任何的展現，應以身作則，讓學生有一個學習楷模；(2)指導：以問題回答問題，來引導學生仔細思考其所作所為，而非直接告訴他們答案；(3)架設鷹架，並逐漸退居幕後：架設知識的橋樑，適時提出必要的問題，提供機會讓學生摸索並完成任務；(4)解釋說明：讓學生瞭解專家在面對相同的問題時，會如何思考；(5)省思：隨時反省得失，引導學生檢視：「我的學習結果如何？是什麼原因造成？」；(6)探索：以身作則，示範冒險的精神，讓學生遇到新領域不確定的問題時，知道如何坦然面對（歐慧敏，2003；Costa & Kallick, 2000a）。

參、實施省思教學的前提

省思教學並不一定適合於所有學習情境，若未能掌握前提、營造省思教學

情境，則將事倍功半。教師進行省思教學，至少必須掌握「瞭解學生思考方式」、「創造一個思考的環境」、「善用比喻激勵思考」與「培養學生成為一個自律的學習者」等四項前提（歐慧敏，2003）。

一、瞭解學生的思考模式

學生「省思」內涵與歷程充滿差異性，欲實施省思教學，應先掌握學生的個別差異。Sternberg 智力三元論指出：個體處理訊息的方式可分為分析、創意與實用三種層面，其智力乃為此三種層面平衡綜合的結果（Sternberg, Torff, & Grigorenko, 1998）。在表 1-2「思考模式不同的學生擁有的特質」中，列舉三種不同思考模式學生所具備的特質，教師宜掌握不同思考模式學生所具備的特質，才能運用適切的教學策略。

表 1-2

思考模式不同的學生擁有的特質

分析性思考	創意性思考	實用性思考
成績高	成績中等或偏低	成績中等或偏低
考試分數高	考試分數中等	考試分數中等或偏低
喜歡上學	覺得學校拘束	覺得學校無趣
教師疼愛	教師眼中的麻煩學生	教師眼中思想雜亂的學生
適應學校生活	學校適應不良	學校適應不良
聽從指令	不喜歡聽令行事	想知道功課或指令的用處
能看出理論的缺點	喜歡創造理論	喜歡實際運用理論
批判性強	點子多	常識豐富
照規定行事	我行我素	喜歡置身在現實情境中

資料來源：彙整自 R. J. Sternberg & L. Spear-Swerling, 1996, *Teaching for thinking*, p.7. by New York, NY: American Psychological Association.

二、創造一個思考的環境

Costa 與 Kallick（2000c）指出教師在課堂上要能營造出一個適合省思的環境，需留意提供適當的候答時間、提供資料、不帶批評的接納、澄清、同理等五種回應行為。教師在教室環境中，經營出上述五種回應行為的氣氛，課

堂將充滿生氣蓬勃的景象。

(一) 提供適當的候答時間

　　大多數的教師在課堂中，在拋出問題後，常會出現下面五項行為：(1)再重複一次問題；(2)對學生的回答下評論；(3)請另位學生回答問題；(4)自己回答問題；(5)再提一連串的新問題。衍生學生出現「答案簡短而片段」、「回答的聲音顯得缺乏自信」、「認為老師的答案才是正確、唯一的答案」等反應。若教師問問題能提供適當的候答時間，將可促使學生充分思考或討論，提出各種替換的解釋，並針對自己對資料的詮釋展開辯論，如此不僅可增進學生思考，更能提升學生的互動品質。

(二) 提供資料

　　教師實際提供資料或幫助學生自己取得資料，可營造一種教師願意回應學生尋求資訊的氣氛。教師可運用下列方式來提供資料：(1)對學生的表現提供回饋；(2)以「我」為主詞，傳達個人的訊息；(3)讓學生嘗試使用設備或材料，以自行找尋需要的資訊；(4)有些時候，將可取得的資料，按來源分成主要或次要；(5)回應學生索取資訊的要求；(6)在某些互動中，調查同組學生的感受或蒐集資訊；(7)在某些場合中，指出思考過程或行為。

(三) 不帶批評的接納

　　討論初期教師全然接納學生的想法與行為，才能讓學生產生安全感，進而能自發地勇於冒險、為自己做決定、承擔探索行為帶來的後果。接納的情境可鼓勵學生將其擁有的資料、價值觀、想法、評斷標準及感覺，與他人或老師的進行比較與檢證。教師可運用輔導的基本技巧營造接納氣氛，較常用的二種方式為：(1)認可（acknowledgment）：利用口語或肢體語言，單純傳達出學生的想法已被聽見；(2)改述（paraphrasing）：以改變措辭、重新整理、轉譯或摘要來回應學生的言行，此屬積極式的接納，因其意味著教師表現出「學生的訊息不僅被接收且被理解」。

(四) 澄清

　　運用「澄清」的時機，乃教師對學生所說的內容不清楚時，要求學生更具體、詳盡地說明或以不同的措辭再表述一次；或尋求發掘潛藏於該觀念下的思考過程。藉由澄清方式，教師能讓學生感到其觀點是值得探究與深思的，

進而鼓勵學生更深入說明與更積極回應。

(五) 同理

同理乃設身處地站在對方角度來思考、感受問題，係一種高度接受認知並接納感受的反應，此種反應不僅表示聽見學生的想法，還包含其中隱含的情緒感受。

三、善用比喻激勵思考

除創造一個思考的環境外，亦需要提供一個思考的實例，而運用「比喻」來引導常可發揮事半功倍的效果。尤其是概念具體化、創意化的比喻，更能激勵學生思考。如下面幾項比喻，均頗富創意：(1)擴散的麵粉：2003 年春天 SARS 襲捲全球，有位教師為引導學生體驗擴散的危險，乃設計「以氣球內裝麵粉，刺破後擴散」活動，讓學生身歷情境感受、思考擴散的危險；(2)失控的牙膏：教師為引導學生思考情緒失控的狀況，乃請學生先將牙膏蓋子旋緊，再用力擠扭，最後牙膏從最脆弱的地方（前端或後端）冒出，再與學生共同研討情緒若無適當的出口，最後將從最弱的地方產生問題；(3)杯水之重：因為有些人常常忽略輕微情緒而不處理，教師乃請一位同學拿一小杯水，拿一刻鐘後，問其身體感受？再問其若拿一小時身體會怎麼樣？引導學生想想一小杯水拿久了也會酸累，甚至受不了，那麼輕微情緒悶久了，可能會變成難以承受的壓力。

四、培養學生成為一個自律的學習者

只有能對自己學習負起責任的人，才能對其學習進行省思。一位具自律學習學生的特徵：(1)在多樣化的工作任務中選擇目標，並不斷地努力；(2)對「挑戰性」的需求；(3)知道如何利用可獲得之資源，掌握學習的主控權；(4)能以合作的方式進行學習；(5)著重「建構意義」；(6)有正向的歸因；(7)學習的自我覺察及督導（Paris & Ayres, 1994）。可見，實施省思教學應先培養學生成為一個自律的學習者。

肆、省思教學的原則

依據Sternberg與Spear-Swerling（1996）提出在面對日常生活問題，進行省思教學的理念，筆者亦綜合帶領省思教學的體驗，試著提出省思教學的原則。

一、確定問題的存在

在日常生活中，解決問題的第一步，為確定問題的存在。若學生未能體認問題的存在，將難以激起學習動機。教師在日常教學中，應先引導學生發掘有意義問題、敏銳覺察問題，而非僅傳授解決問題的技巧。

二、確定問題本質

學生省思問題的方向與內涵，常因問題本質不清而茫然。通常遭遇日常問題，較難確定的是問題的本質，而非解決方法。日常的問題不如學校作業習題，題意簡單明確，一眼就知道要學生做什麼，故學生碰到現實狀況，需要確定和陳述問題，方能聚焦於問題本質。

三、體認日常問題的雜亂性

理論學家將問題分為兩類：(1)規則型：有一套明確清楚的解決步驟；(2)雜亂型：需要洞察力的問題。學校探討問題常以規則型問題來省思，但是日常問題通常雜亂無章，學校應多多提供雜亂型的問題引導學生省思與解決問題，方能面對每天生活的挑戰。

四、試著從人生經驗尋求解答

在傳統思考教學的課程中，教師會提供資訊，學生只需依照現成的資訊或既有的經驗，即能輕鬆解題。解決日常生活問題，通常很難釐清相關資訊，無法想起相關的經驗，更不知從何下手。因此，實施省思教學宜引導學生從人生經驗中去尋求解答，不必拘泥於教師提供的資訊。

五、維持對問題情境的高敏感度

學生在學校情境所面對的問題與日常問題不同，現實問題牽涉許多糾纏不清的因素，每一項因素均可能影響其問題的解決。解決日常問題，通常需要考慮當時狀況，因此，對愈複雜的問題，愈需要對周遭的狀況保持高敏感度。

六、認知沒有單一或最好的答案

老師提供的問題，特別是省思教學和思考測驗的問題，通常都有一個「正確」或「最恰當」的答案。日常生活問題通常沒有單一標準答案，甚至很難找到最好的答案。因此，教師必須培養學生解決不可預知問題及處理突發事件的能力。

七、兼顧非正式、正式知識

處理日常問題時，雖然非正式的知識（informal knowledge）和正式的知識（formal knowledge）一樣重要，但是成功者大多認為幫助成功最重要的因素乃思考及行動上的非正式知識。學生獲得非正式知識，通常不在正式課程，而是在學習或生活經驗中，透過潛移默化的方式獲得。學生在校的非正式知識，較重要者為：與同儕及老師的相處之道、控制時間準時繳交作業、如何準備考試與做筆記等。

八、體認重要問題的決策常影響深遠

學生在課堂上解題失當，不管是思考方向錯誤或其他因素，通常是無傷大雅。但在現實生活裡，重要問題的決策經常是影響深遠的，嚴重的問題決定可能影響一輩子，甚至攸關生死，故應訓練學生在下決策之前，分析所有可能的後果。

九、善用團體力量

解決日常問題，常常要靠團體力量。許多日常問題要靠團體解決，只靠個人是辦不到的。在社會上，委員會、專案小組和社團的產生，都是為了群策

群力解決問題,故學生在學校應有與人合作、集體思考的經驗與能力。

十、學習與揮之不去的問題相處

課本習題只要離開教室,問題就不見了。但現實生活中,問題就在那裡,不論你願不願意,問題就像侵入的敵軍,讓我們筋疲力竭。且有時問題看似解決了,卻還是存在。日常問題可能複雜、混亂,又揮之不去,因此,省思教學應引導學生正視問題、包容問題及體認問題激勵成長的事實,學會與問題和諧相處。

除了瞭解省思教學用於日常問題的教學原則外,尚須探討省思教學的陷阱所在,才能將思考教學真正落實。

十一、善用以學習者為中心的評量方式

傳統以教師為中心的評量方式,牽制學生思考與省思;為激勵學生省思,宜調整為以學習者為中心的評量方式。以學習者為中心的評量方式,乃將焦點置於激勵學生內在動機以追求精熟、改進及成功的目標,而不是將焦點置於分數的外在比較。評量人員應包括學生自評,使其能更理解與尊重測驗的目的、內容、形式。評量方式可包含實作評量與學習檔案,讓評量方式與教室課程連結更為緊密。

十二、善用學生的自我評量

自我評量可促進學生的參與感及責任,透過自我評量,學生可經由省思及評價而瞭解到什麼是被期望做到的,而藉此提高學習動機,使能以其成就為榮,並對自己的弱點有實際的瞭解。Tower 與 Broadfoot(1992)指出自我評量可分成四個階段:(1)知識階段:回憶先前的經驗及工作,並提供具體的紀錄;(2)分析理解階段:尋求理解事情發生的原因,並為其表現做出歸因;(3)評估階段:評判工作品質,並為其建構出合理的解釋;(4)綜合階段:以過去經驗組織新知識,將其評估納入更大的學習情境中,來設定未來學習目標。

伍、省思教學的陷阱

在進行省思教學時，若教師的概念不夠清楚，很容易陷入以下的陷阱，而造成省思教學的挫折。以下即針對幾點謬誤進行分析：

一、教師的工作就是教，學生的工作就是學

傳統教學中，教師以教書匠的身分看待自己和同儕，把學生當作學習者。然在省思教學中，教師與學生是平等的，甚至有些時候的表現亦不如學生。為什麼教師表現比不上學生？主要因為教師心胸不夠開闊，也比較難以接納新想法，要擺脫專業的形象，教師並不甘願。但如果太執著專業，專業就變成思考的絆腳石。為人師者要改變觀念，將自己和學生都看成學習者，且樂於接受這樣的改變。

二、思考是學生的事，和老師無關

此謬誤和第一項有關，把思考的重擔全推到學生身上。老師等著學生作反應，自己卻不動腦筋。此觀念造成的潛在危機，甚至教師尚未站上講台就發生了。

三、選擇正確的教材最重要

教師通常過於依賴教材，認為選擇教材最重要，但是，到底有沒有最好的教材？答案當然是「沒有」。沒有哪個出版社有辦法編出適合於每個教師的教材。教師必須針對出版社的教材予以修改，使教材內容適合自己的學生。

四、選擇最佳教學方式

實際教學幾乎都要用兩種以上教學方法，很難說一步一步教或整體教較佳，而且教學方法很難一分為二，將教學方法二分並不適切，如分為傳統、創意教學；或個別學習、小組學習。另外，教學方法必須考慮教材內涵或學生狀況，很難以一種最佳方法行遍天下。

五、答案正確最重要

以傳統角度來看，不管選擇題、簡答題或類似測驗怎麼出題，最後就是要有標準答案。如何想出答案不重要，答對就好。這類題目就像無形框架，限制住學生的想法，相當不利於省思教學。

六、班級討論只是達成目標的手段

有些教師看待班級討論和看待思考歷程一樣，認為歷程只是手段。但是班級討論激發出思考歷程，而歷程本身就是重要目標。教師應將班級討論歷程當作是省思教學的重要目標。

七、精熟學習原則可用於任何教學，亦適用於省思教學

精熟教學的原則或許適用於其他領域，但不適用於省思教學。談到省思教學的評量，「正確度80%或90%」有意義嗎？就算有，也不大。因試題難度和答案範圍都可以調整，而分數便隨之改變。「思考的空間無邊無界，發展到哪裡就到哪裡」，教學應該以這種角度看待思考。

八、省思教學，就是教學生思考

學生終究懂得運用思考技能，並非經由教師教導；學生必須自己教自己思考，教師能做的僅是盡量提供有利的條件。最可悲的莫過於教師想教學生思考。

🔲 第五節　省思教學的策略 🔲

李坤崇（2001a）提出綜合活動的教學方法，有講述、發問與討論、腦力激盪與聯想、資料蒐集與分析、訪談、調查、觀察、參觀、發表、角色扮演、繪畫、回饋活動等十二項教學方法；提出六項綜合活動的學習方法，為解決問題學習、合作學習、體驗學習、創意學習、自主學習、善用資源與求助學習。

　　體驗學習就其歷程乃一種省思教學策略，除體驗學習外，闡述較常見於引導省思的教學策略，至少包括發問與討論、腦力激盪與聯想、價值澄清、角色扮演、繪畫、回饋活動、創意學習、繪本教學、學習檔案等九種，其中腦力激盪與聯想、角色扮演、繪畫、回饋活動、創意學習等五種已於李坤崇（2001a）《綜合活動學習領域教材教法》一書第五、六章詳述，不再贅述。僅更深入或補充說明發問與討論、價值澄清、繪本教學、學習檔案等四種省思教學策略。

壹、發問與討論

　　蘇格拉底詰問法（Socratic Questioning）乃討論法，亦為教學法，由教師提出問題，學生表達自己的觀點，並與大家一起討論，藉此幫助學生不斷對觀念進行探索與批判，以更釐清問題見解。

　　發問乃師生、生生相互提出問題，激勵思考與尋求解答的起點。討論係教師審慎計畫的系統、組織教學策略，經由聽、說、觀察的團體互動歷程，相互溝通與傳遞意見、思考、訊息和感受，以達成教學或學習目標。此種團體互動歷程因能充分激盪意見、思考訊息和感受，在綜合活動學習領域常用於探討爭議性問題、評析多種可能答案的問題、澄清價值或想法、覺察問題的多元性與差異性，或省思擬改善行為。為達成綜合活動學習領域的理念與目標，教師教學必須著重高層次思考的發問與討論（李坤崇，2001a）。

一、以往發問與討論之缺失

　　李坤崇（2001a）認為國內常見的發問缺失為：(1)發問未能激發學生思維，常用封閉性問題，學生僅單純回答是否、對錯，難以引導高層次思考；(2)發問未能切合學生程度，對國小到高中學生所問的問題幾乎均為低層次認知題目，未能依學生認知發展提出不同程度問題；(3)發問策略不當，如有些教師先指定回答者再提出問題、有些教師針對某位學生提出一系列問題，發問未能遵循「發問、想或寫、自由或指定發言」的模式；(4)發問次數過於頻繁，使得師生互動、生生討論時間太少。善用討論通常可發揮增進學生瞭解學習

內涵、鼓勵學生參與班級事務、激勵學生學習動機、改善學習態度與方法、培養民主的生活規範、增進團體的生產力等功能，然因下列九項缺失使學校教師難以發揮上述功能：(1)教室的信任、開放自由氣氛不夠；(2)討論主題或目的不明確；(3)教師未熟練發問、候答與討論技巧；(4)教師未具備有效班級經營的技巧；(5)教師態度過於威權或權威；(6)學生不慣於發言討論；(7)學生未熟練發問、傾聽與討論技巧；(8)班級人數過多；(9)教學時間不夠充裕。因此，欲發揮討論功能必須針對上述缺失逐一改善。

二、發問與討論的歷程與原則

李坤崇（2001a）提出發問與討論的歷程包括教學前準備、發問、討論、回饋或結束，以及自我評鑑等五個階段。分別說明如下：

(一) 教學前準備階段

李坤崇（2001a）認為教師教學前主要應準備要問的問題，先考慮問問題的向度，再思考問問題的技術。問問題的向度可從 6W 著手，即(1)問問題的對象是「誰」（Who）？(2)問問題的「理由是什麼」（Why）？(3)在「什麼時間」問問題（When）？(4)在「什麼場合或地點」問問題（Where）？(5)問此問題學生可以學到「什麼」（What）？(6)「如何」呈現問題（How）。呈現問題乃確定前五項問題後，必須思維的向度，呈現儘量活潑化、多元化。

李坤崇（2001a）指出問問題的技術可從下列六項著手，即(1)量：問幾個問題？(2)質：問題在哪一個認知層次？記憶、理解、應用、分析、綜合、評鑑？(3)類別：問題屬認知、技能或情意？(4)形式：問題屬開放性或封閉性？(5)感覺：問題如何措詞？(6)時間長短：預定問題進行多久？

(二) 發問階段

Harlen（1985）認為開放性、封閉性問題在教學過程中各有作用。封閉性問題得到解答後的追蹤問題，常是開放性問題，如「為什麼？」「你怎麼知道的？」「你怎麼發現的？」「你能舉例證明嗎？」一般開放性問題具有「引導深入省思」、「引導實作、探索、發現」、「引導比較異同」、「引導推理或預測」、「鼓勵另一種嘗試」、「激發創造性思考」、「流露感情和價值」等功能。封閉性問題的答案不一定只有一個，但正確答案是固定的，其具有「引

導注意焦點」、「引導比較思考」、「協助回憶所學」、「引導實作觀察」等功能。

李坤崇（2001a）提出發問的原則，有下列十三項：(1)問題內涵與教學目標；(2)問題的措字遣詞應切合學生語文程度；(3)善用各類較高層次思考的問題，減少封閉性問題；(4)留給學生思考問題時間，不宜問一連串問題且不留給學生思考時間；(5)增強正向或正確答案方向，避免諷刺降低學生回答意願；(6)鼓勵、教導學生發問，當發問者而非僅是回答者；(7)準備關鍵性問題，並排定發問順序與時機；(8)減少高難度問題或避免冷門問題，提高學生參與意願；(9)問問題僅問一次，儘量不重複問題，學生將會較專心；(10)問問題時，教師態度應和藹可親，面帶笑容，不應過於急躁或面露焦慮；(11)發問應向全體同學發問，不宜只向某人或少數人發問；(12)發問問題充分討論後，再發問下一個題目，討論時間應夠充裕；(13)發問若能輔以教學媒體呈現，或用戲劇、表演等較動態方式呈現問題更佳。

(三) 討論階段

李坤崇（2001a）依據以往缺失，提出實施團體討論宜秉持下列原則：

1. 進行討論的共同原則：實施團體討論，教師與學生必須共同遵循下列原則：(1)抱持合作態度，而非一味競爭；(2)建設性的運用討論衝突，不讓衝突導致團體分裂；(3)讓每位同學均有相同的參與機會，不偏限於少數人；(4)鼓勵自由表達意見，不立即禁止不同或不佳意見；(5)嚴守對事不對人原則；(6)讓全體同學共同作決定，不應偏限於少數人；(7)共同承擔討論結果或成敗。

2. 教師應遵守的原則：教師實施討論時，應遵守的原則為：(1)營造民主、和諧、信任的班級氣氛，提供安全感、鼓勵合作，而非增加猜疑不安和恐懼；(2)慎選討論主題，明確規範主題，討論主題宜是學生感興趣且有能力處理的問題；(3)傾聽、接納、尊重學生意見，並善用幽默感；(4)充分鼓勵、增強與支持學生；(5)鼓勵自由表達，而非限制不同的觀念；(6)選擇問題宜以開放性且與學生生活經驗相關的問題為主，不宜偏限於記憶性與敘述性呆板問題；(7)問題需能激發學生思考，且顧及學生過去經驗、現在生活體驗；(8)候答時間不宜太短，且候答不宜給學生壓力；(9)鼓勵、引導學生正

向思考，避免嘲諷、責備發言學生；(10)建設性的運用衝突，而非讓衝突導致團體分裂；(11)賦予所有學生滿足自我需求的機會，而非少數人的個別需求；(12)提出問題後，請學生想一想或寫一寫，再自由發言或指定發言，不宜先指定學生再提問題。

3. 學生應遵守的原則：討論前宜提醒學生，討論必須遵循下列原則：(1)充分準備討論主題，並系統整理所蒐集資料；(2)掌握討論主題，發言不宜偏離主題；(3)傾聽他人發言，並具備批判能力；(4)把握發言機會，精簡扼要提出自己的意見；(5)以和諧、友善的態度，提出不同的意見；(6)提出意見宜具體明確，不宜空洞抽象；(7)試著提出自己的想法，不宜自我要求意見完美無缺；(8)充分掌握時間，遵守時間規定。

(四) 回饋或結束階段

回饋階段係指教師針對學生回答問題的內容、態度或行為提出意見，及學生與學生間相互提供意見。在教師而言，此意見可為形成性評量或總結性評量，可激發或引導學生進一步討論，實施歸納總結，及延伸式的家庭作業。

(五) 自我評鑑階段

自我評鑑係教師發問與討論後的自省，以及學生討論後的自省。李坤崇（2001a）認為教師自省可從下列幾方面著手：(1)教學前準備程度：訂定教學目標與選擇討論主題的適切性，蒐集資料完備程度，討論形式與題綱的適切性，討論情境的適切性，分組討論規劃的周全性，以及準備要問問題的向度與技術的適切性；(2)掌握發問原則的程度：如發問問題內涵與教學目標契合度，措字遣詞適切性，高層次思考問題的比例，態度和藹可親的程度，開放性問題的比例，以及各類問題措詞與時間運用的適切性；(3)引導討論的適切性：如問題切合學生感興趣與能力的程度，問題激發學生思考與顧及學生過去經驗、現在生活體驗的程度，學生自由表達與踴躍發言的程度，多數學生滿足自我需求的程度，候答時間適切性，鼓勵、引導學生正向思考的程度，提出問題後引導流程的適切性；(4)回饋或結束的適切性：教師針對學生回答問題的內容、態度或行為提出意見的適切性，提出的新問題應顧及不同學生興趣的契合度，接話的適當性，封閉性問題答案的明確性，開放性問題總結歸納的適切性，以及延伸式家庭作業的適切性。

三、提問與處理問題的技巧

　　教師若在信賴的教室氣氛下，以好的問題為架構，將能引導學生發掘本身的洞察力、理解力與運用學習的能力。Sternberg 與 Spear-Swerling（1996）提出下列三種教室中常用的提問策略（如表 1-3 所示），且認為在一般情況要增進學生高層次的思考技能是以對話式策略效果最好，因在對話式的教學策略中，學生會主動用心思考；另外在師生互動過程中，教師亦可當作學生最佳的典範。

　　Sternberg 與 Spear-Swerling（1996）提出處理學生發問的七個方式，以下茲將此七個方式結合其學習層級整理於表 1-4。另外，教師亦可在全班討論的場合，善用「語句完成」，以激發學生省思的潛能。更進一步，可請學生述明理由，瞭解其省思的歷程。

表 1-3

三種常用提問策略的特色

策略名稱	特色	適用時機	例子
照本宣科式策略（以授課為核心）	老師以講授方法呈現教材。師生互動和學生交流最少。	呈現新的訊息。	老師：「今天我要談的是甲午戰爭。」
以事實為基礎的問答式策略	老師提出問題，學生針對問題反應。老師的回饋只有「對」和「不對」而已。師生間互動頻繁，但無法兼顧個別疑問。學生間的交流很少。	複習剛教的內容。評估學生的知識。作為教誨式和對話式策略的橋樑。	老師：「甲午戰爭發生於何時？當時清朝在位的皇帝是誰？」
對話式策略（以思考為基礎的問答式策略）	老師提問題，學生針對問題進行思考和討論。老師評論學生的反應。師生互動和學生交流很多。	鼓勵班級討論。激發思考。	老師：「甲午戰爭和鴉片戰爭有什麼地方相同？有什麼地方不同？」

資料來源：R. J. Sternberg & L. Spear-Swerling, 1996, *Teaching for thinking*, p.38-39. by New York, NY: American Psychological Association.

表 1-4

處理學生發問的七個方式

學習層級	處理方式
全無學習	第一級：回絕問題
	第二級：重複問題
被動學習	第三級：承認無知或提出意見 　非強化型：教師承認不懂或根據經驗直接回答。學生會學習到「原來大人不是萬能的」。 　強化型：再加上鼓勵。學生聽到獎勵性的回應，以後發問意願會更強。
被動學習 主動學習	第四級：鼓勵發問者尋找資料 　教師幫忙找資料：學生學到兩件事：(1)原來資料可以用方法找出來。(2)讓別人幫忙是理所當然的事。此種學習為被動學習。 　教師僅提供尋找資料的方向：學生自己動手找資料，為主動學習。學習能發展蒐集資料的技能，而不會伸手等資料上門。
分析性和創意思考	第五級：提供可能的答案 　教師表明不太確定答案，但提供不同的解答讓學生決定，如此可促使學生的學習更主動。
	第六級：鼓勵孩子評估答案 　學生不但被大人鼓勵，主動想出可能的解答，還針對解答分析比較。
實用性思考	第七級：鼓勵孩子驗證答案 　教師鼓勵學生設計實驗，驗證所有可能的解答。

資料來源：R. J. Sternberg & L. Spear-Swerling, 1996, *Teaching for thinking*, p.56-59. by New York, NY: American Psychological Association.

四、分組或其他討論方式

　　綜合活動學習領域為激發學生省思、分享體驗心得，常用討論方式。討論教學運用於班級常因人數多寡、教學目標不同，必須採用多種不同的變化方式。

　　分組前應考慮目的為何？人數多少較恰當？如何分組？分組討論經常發現什麼問題？如何才能順利進行？

　　實施綜合活動學習領域教學，最常使用者有下列三種（李坤崇，1998b；陳美芳、廖鳳池，1995）：

　1.配對組法：此法係漸進配對的分組結合模式，先由 2 人一組配對討論，獲得協議後，再找另一組配成 4 人一組討論，而後成為 8 人一組、16 人一組

⋯⋯如此經由數次充分的意見溝通，使得團體結論能更深思熟慮，臻於圓融。

2. 六六法：此法將全體學生分成 6 人小組，每小組選一主席主持小組的討論 6 分鐘，期間每位學生原則上均發表、陳述意見 1 分鐘，其後小組主席代表該小組向全體報告討論結果，全體主席或教師再綜合作成結論。當然上述的 6 人和 6 分鐘並非不可更動，領導者可彈性調整，如 7 人一組和 7 分鐘，或 8 人一組和 8 分鐘。

3. 魚缸法：此法將全體分成內外兩圈，實施時先由內圈學生進行討論，外圈則仔細聆聽，經過一段時間後，由外圈學生提出對於該項討論的建設性意見，以供內圈繼續討論的參考；亦可將內外圈交換，以加速團體討論的進行。若全體人數超過 20 人，將全體分成兩組，分組分別討論後，派代表報告討論結果，教師最後進行結論。

貳、價值澄清

傳統的價值教學常導致道德認知與行為實踐的脫節，較常見的傳統教學有八：一為「舉例」，乃以直接或間接方式，列舉有關事例，協助學生建立價值，如舉出「華盛頓砍樹」的故事；二為「說服」，係以教師抱持的價值，迫使學生接受；運用說理讓學生信服，常讓學生「口服心不服」；三為「限制選擇」，教師要求學生就現有想要的事物加以選擇，常讓學生面臨「非此即彼」狀況；四為「激勵（或鼓勵）」，乃於價值陶冶過程中，對某些價值的認定，常因缺乏強力支持，而由教師運用激勵方法，來促進學生價值的形成；五為「設定規則」，係學校教育依據既定的社會文化規範設定規則，伴隨獎懲，促使學生形成該項價值；六為「運用文學與藝術作品」，乃推薦學生閱讀或欣賞隱含特定價值觀的文學或藝術作品，以涵濡學生對特定價值的形成；七為「運用文化或宗教的教條」，一般家庭或宗教為促進個體形成共通一致的文化或行為價值，經常運用教條、教規，要求受教者實踐力行，而內化成特有的價值理念；八為「訴諸良心」，乃一般父母以「道德文化」、「頭上三尺有神明」告誡其子女，平時為人處事應本諸良心，更常將良心神格化。

一、價值澄清教學的意義

　　為突破傳統價值教學的困境，價值澄清教學漸受青睞。「價值澄清教學」係透過事先設計的活動，製造信任、安全、尊重的團體氣氛與自主學習情境，以書面活動、澄清活動或討論分享等方式，協助個體自由選擇與獨立做決定，以檢視與建立自己的價值觀，進而導引出實際行動的歷程。可見，價值澄清教學關懷「價值觀建立過程與知行合一」，強調價值、認知影響行為的過程，而非「價值觀內容」。

　　Raths、Merril 與 Simon（1966）提出「選擇、珍視、行動」三階段，以及「自由選擇；透過各種不同途徑來選擇；分析各種不同途徑的可能結果後，才做選擇；重視與珍惜自己的選擇；公開表示自己的選擇；依據自己的選擇，採取行動；重複行動，成為一種生活模式」七步驟的價值澄清教學的歷程，彙整入教學原則與問答技巧，詳見表 1-5。

二、價值澄清教學的問答

　　價值澄清的問答乃教學的關鍵，Raths、Merril 與 Simon（1978, pp.64-66）提出教師做澄清問答時，七個步驟的主要問題如下：

(一) 自由選擇

　　此步驟的主要問題如下：

1. 你第一次獲得這觀念，是在什麼地方？
2. 你的這種感覺已經有多久了？
3. 如果你沒有實踐你說過你必須做的，別人將會說什麼？
4. 你得到別人幫助了嗎？你還需要幫助嗎？我能幫助你嗎？
5. 你是在群眾中唯一有這種感覺的人嗎？
6. 你父母親希望你從事什麼職業？
7. 在你做抉擇時，有沒有矛盾衝突過？
8. 你適應它，將要花多少年？如果你現在不夠滿意，你將做什麼？
9. 你認為，當你來到廣場時，有成千上萬的群眾正歡呼著，這情況會影響到你的抉擇嗎？

表 1-5

價值澄清教學歷程（**Raths**、**Merril** 與 **Simon** 三階段七步驟）

階段／步驟	配合各步驟之教學原則	問答技巧
1. 選擇	1. 擴展思維空間	
(1) 自由選擇	(1) 鼓勵學生自由選擇（提供機會）	(1) 你考慮過所有的選擇嗎？
(2) 透過各種不同途徑來選擇	(2) 協助學生發掘可供選擇途徑（激發潛能）	(2) 你想可能的結果如何？
(3) 分析各種不同途徑的可能結果後，才做選擇	(3) 協助學生分析、比較各種途徑的結果（具體陳述）	(3) 你自己願意去做嗎？
2. 珍視	2. 肯定自我	
(4) 重視與珍惜自己的選擇	(4) 鼓勵學生珍惜、重視自己所擁有一切（自我肯定）	(4) 你覺得是這樣嗎？
(5) 公開表示自己的選擇	(5) 提供發表機會，並予支持（他人肯定）	(5) 你願意向誰說？
3. 行動	3. 言行合一	
(6) 依據自己的選擇，採取行動	(6) 鼓勵學生針對自我選擇採取行動（自我負責）	(6) 你到目前為止，做得怎麼樣？
(7) 重複行動，成為一種生活模式	(7) 協助學生省察行動的持久性（價值內化）	(7) 你下一步想要怎麼做？

資料來源：整理自 L. E. Raths, H. Merril & B. S. Simon, 1966, *Values and teaching*. by CO: Merrile.

(二) 透過各種不同途徑來選擇

此步驟的主要問題如下：

1. 在你決定這個選擇之前，你考慮過其他的選項嗎？

2. 在你決定之前，你已考慮多久呢？

3. 它是一項困難的決定嗎？你憑什麼因素來考慮最後的決定？誰來幫助你？你需要更進一步的幫助嗎？

4. 你考慮過其他可能的選項嗎？

5. 你是否根據一些理由才做抉擇？

6. 你決定你現在的觀念或行為之前，你拒絕過什麼選擇嗎？

7. 你的這個抉擇，對你有什麼真正的好處？

(三) 分析各種不同途徑的可能結果後，才做選擇

此步驟的主要問題如下：

1. 每一種選項的後果將會如何？

2. 你對這件事已仔細考慮過嗎？你想要怎麼去做呢？

3. 這就是我對你的瞭解嗎？

4. 你暗示的那件事是……？（如果學生很清楚地矯正了一種曲解，我們就要來看看這曲解是怎麼一回事。）

5. 在你的抉擇中，還有些什麼因素？讓我們一起來檢查吧！

6. 界定你使用的名詞。如果不用中學的畢業文憑，你能找到什麼工作？請你舉一個例子。

7. 如果你現在做了這件事，那以後將會發生什麼呢？

8. 你是否會出爾反爾呢？

9. 這抉擇好在哪裡？

10. 它以後將如何發展？

11. 你做這件事，是受了誰的影響？

12. 將你另外的這些選項，依照其重要性等級排列。

13. 你還需要做些什麼？你的第一個步驟是什麼？第二個步驟為何？

14. 當時你還想跟誰談談？

15. 你真的完全考量過嗎？

(四) 重視與珍惜自己的選擇

此步驟的主要問題如下：

1. 這種感覺令你高興嗎？

2. 你想得到它，有多久了？

3. 它有什麼好？它要達到什麼目的？為什麼它對你很重要？

4. 每個人都應當依照你的方法做這件事嗎？

5. 它真的是你所重視、珍愛的嗎？

6. 沒有了它，你的生活會有什麼不同呢？

(五) 公開表示自己的選擇

此步驟的主要問題如下：

1. 有時候，你想把你的感覺告訴你的同學嗎？

2. 你願意簽一份陳情書，來支持你的觀點嗎？

3. 你把你相信的都說出來了嗎？

4. 你不打算把你所相信的說出來嗎？

5. 一個人應該把自己所相信的說出來嗎？

6. 別人知道了你所想的或你所做的事嗎？

7. 你願意站出來，說出你的抉擇，而覺得自己很重要嗎？

(六)依據自己的選擇，採取行動

此步驟的主要問題如下：

1. 我聽說過你的目的，現在你能為它做什麼？我能幫助你嗎？

2. 你的第一個步驟、第二個步驟……是什麼？

3. 你考慮過行為的後果嗎？

4. 為共同的目標建立了一個組織沒有？你想加入這個組織嗎？

5. 對這個論題你讀過許多有關的文獻嗎？有沒有誰影響了你？

6. 你願意將金錢的地位放置於觀念之下嗎？

7. 你的計畫是不是多於你的行動？

8. 你希望別人也知道你的感覺嗎？如果他們有同感，你認為如何？

9. 這將影響你朝什麼方向走？你願意走多遠呢？

10. 它如何影響了你的生活？將來又將會有什麼影響？

(七)重複行動，成為一種生活模式

此步驟的主要問題如下：

1. 你是否覺得這麼做已經有好些時候了？

2. 你是否已經做過了？你經常做這種事嗎？

3. 你實現這件事的計畫在哪裡？

4. 你是否應該召集一些志同道合的人來參加？

5. 為了這件事，花了那麼多時間和金錢，你認為值得嗎？

6. 還有一些你能做的類似的事嗎？

7. 你認為你將會繼續多少？

8. 當你做那件事時，你就不做以外的事了嗎？這樣做是對的嗎？

9. 你如何決定哪一項該先做？

10. 你遇到困難嗎？

11. 你想再做一次嗎？

　　Raths、Merril 與 Simon（1978）所提出的七個步驟，教師澄清問答過多，筆者將其精簡到三十個澄清問答方式，依價值澄清三階段七步驟，歸納供教師參考。

(一) 選擇

　　此階段為三個步驟，主要問題如下：

1. 自由選擇

此步驟的主要問題如下：

(1) 這件事是你自己選擇的嗎？

(2) 那是你個人的決定？還是你認為大家都應該相信的？

(3) 這個○○的真正意義是什麼？你能界定這個字詞嗎？

(4) 你認為別人都會相信那件事嗎？

(5) 你能告訴我一些關於這種想法的例子嗎？

2. 從多種途徑中選擇

此步驟的主要問題如下：

(1) 以前你有考慮過任何可能的選擇嗎？

(2) 還有其他的可能嗎？

(3) 從你第一次有了這個想法以後，到目前為止，你如何改變你的觀念？

(4) 你需要我幫助你做什麼嗎？

(5) 你所表達的和○○同學一致嗎？

(6) 對於所提的（或所做的）事，你有理由嗎？告訴我，你不會介意吧？

3. 深思熟慮地選擇，考慮了各種後果

此步驟的主要問題如下：

(1) 這個想法會有何結果？

(2) 關於那種想法（或行為）你已經仔細想過嗎？

(3) 你說說看這個想法有哪些益處？

(4) 我們以這種方式去解決問題，必須承擔什麼？

(5) 這種活動具有目的嗎？

(6) 你怎麼知道它是對的？

(7) 你評估過哪些事物嗎？

(二) 珍視

此階段為兩個步驟，主要問題如下：

4. 重視自己的選擇，感覺很愉快

此步驟的主要問題如下：

(1) 這是你所珍視的事物嗎？

(2) 關於那件事，你還覺得愉快嗎？

(3) 當那件事發生時，你覺得如何？

(4) 這件事對你非常重要嗎？

(5) 你非要這樣選擇不可嗎？

5. 公開自己的選擇

此步驟的主要問題如下：

(1) 你剛才是那樣說嗎？

(2) 你正在說……嗎？

(3) 你剛才說……嗎？（故意用稍微曲解學生原意的話，反覆詢問）

(4) 你喜歡將你的想法告訴別人嗎？

(三) 行動

此階段為兩個步驟，主要問題如下：

6. 根據自己的選擇採取行動

此步驟的主要問題為：關於這個想法，你實踐了多少？

7. 重複的採取行動

此步驟的主要問題如下：

(1) 你常做這件事嗎？

(2) 你願意反覆地做相同的事嗎？

三、價值澄清教學的教學活動與歷程

茲從教師角色、教學活動選擇、教學活動設計、教學活動歷程等四個向度

說明之。

(一) 教師角色

　　教師在價值澄清教學的角色有四：一為「活動設計者」，以設計活動、準備資料及製造氣氛為主；二為「過程催化者」，著重引導澄清問題、激發思維及催化活動等任務；三為「價值分享者」，強調教師分享經驗，教師不宜太早介入分享歷程；四為「澄清示範者」，教師宜協助學生澄清價值觀，示範如何協助他人澄清價值觀。

(二) 教學活動選擇

　　教師運用價值澄清教學，可適切選擇現有教學活動，以減輕教學負擔。Simon、Howe 與 Kirschenbaum（1972）強調價值澄清教學宜以日常生活所面臨價值混淆或價值衝突的內容為題材。選擇價值澄清教學活動五項原則：(1)選擇與個人有關的題材；(2)考慮文化背景差異；(3)顧及認知發展階段；(4)運用共同價值問題；(5)具有事實、觀念和價值三個層面。

(三) 教學活動設計

　　洪有義（1988）指出常見的價值活動澄清的教學活動設計有下列六項：

1. 價值單

　　價值單內涵（詳見圖 1-3）主要包括二部分，一部分是刺激學生思考的閱讀材料，另一部分則是根據問題閱讀資料，依價值形成過程步驟而設計的問句，用以激發學生對此一主題做深入的檢核。

　　教師運用價值單時，應留意的要訣為：(1)避免因深愛或厭惡某一項論題，而做一面之辭；(2)應以得到最廣泛的意見為目標；(3)允許學生有時間獨立地思考、反省與反應。

　　教師選擇價值單的題材時，應注意事項為：(1)呈現給學生的論題要有吸引力；(2)在心中要有您想要學生獲得的一般目標；(3)提出學生目前正在學習的話題。

2. 思考單

　　思考單是一種小卡片或紙片，學生可以記錄整個星期中他們所注意到與價值相關的觀念或想法。

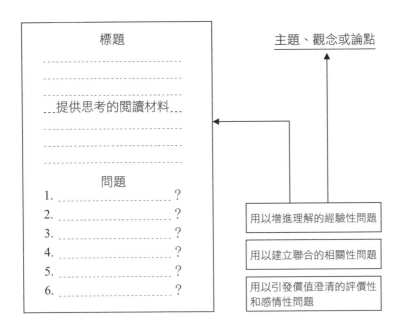

圖 1-3　價值單內涵

資料來源：謝明昆（1994）。**道德教學法**（頁 182）。臺北市：心理。

3. 每週反省單

每週反省單和思考單一樣，最好以固定的型式來應用，例如每週可以設計幾個問題來協助他們考察過去一週的活動，如所做的事，與如何利用時間。

4. 句子完成活動（開放性問題）

教師可善用句子完成活動，提供開放性問題激勵學生思考與澄清問題，如「我的理想是……」「你如何達到你的理想呢？」「你能做什麼呢？」以及「你的理想與現在的情形有什麼不同？」

5. 標記活動

通常教師可以在討論活動時，列舉出實踐項目，經過若干時日的實踐後，再進行本項討論活動。

6. 限時日記活動

「請寫出晚餐後三小時內的日記。」讓學生由日記之中，反省自己如何利用時間，以及由日記的記載中，瞭解行為有什麼改變？從日記中學習到哪些？

(四) 教學活動歷程

　　價值澄清教學的活動歷程，教師可依據自己專長、學生需求安排活動歷程。然一般性教學活動歷程如下：

1. 課前準備：課前準備的重點如下：(1)熟悉教材、安排情境：熟悉課本、研讀教學指引、規劃教學流程；(2)蒐集教具：實物、相關圖片、故事、謎語；(3)指定學生觀察、記錄：活動優點、如何做、有關廣告內容；(4)指定學生蒐集實物、事蹟：儲蓄點滴、最喜歡物品、小鏡子。

2. 引起動機：引起動機的重點如下：(1)列出問題，說一說：提出問題→學生想→指定學生說→自由發表；(2)展示圖片，看圖說一說：展示圖片→學生想→指定學生說（或做一做）→自由發表；(3)團體活動：猜謎語、結冰遊戲、請跟我做。

3. 發展活動：發展活動的重點如下：(1)看圖說一說，經驗分享：展示圖片→學生想→指定學生說（或做一做）→經驗分享（分組、全班或個別）；(2)演一演，說一說，經驗分享：指導學生表演→觀察表演→指定學生說（做一做）→經驗分享（分組、全班或個別）；(3)問問題，說一說：提出問題→學生想→指定學生說→自由發表；(4)各項活動，經驗分享：如大風吹、紅白大對抗、角色扮演後經驗分享；(5)練習活動：發展活動的最後，如演一演、說一說、語句完成、親子活動。

4. 整合活動：整合活動的重點如下：(1)綜合歸納：教師講解或條列重點；(2)激發思考：這一節課，你學（想）到了什麼？這一節課，你印象最深刻的想法或感受是什麼？(3)練習活動或親子活動作業。

四、價值澄清教學注意事項

　　澄清不是孤立短暫的努力就能得到成果，而是在有計畫的情況下，長期努力的成果。教師實施價值澄清教學，應注意下列事項，方能達到預期目標與避免可能的教學偏差：

(一) 並非所有學生均可為價值澄清的對象

　　Raths、Merril與Simon（1978）列舉八種無法過著有思考、自我引導生活、統整或價值導向類型的人，此八種人較不適合實施價值澄清教學，如下：(1)

冷漠、消極、對什麼均缺乏興趣的人；(2)沒有毅力的人；(3)依賴、猶豫不決的人；(4)言行及處事態度矛盾的人；(5)缺乏目標及計畫的人；(6)無主見、盲從的人；(7)盲目的、無理反抗的人；(8)不誠懇及善於玩心理遊戲的人。另外，澄清價值不是治療，對於有嚴重情緒困擾的學生，如疑心有人要陷害他、跟蹤他、譏笑他，或莫名的害怕、易怒、恐懼等等的學生；或有生理缺陷的學生，如智能缺陷或內分泌功能失常所引起的精神功能異常學生等等，均不宜實施價值澄清教學。

(二) 釐清價值澄清教學可能缺失，謹慎因應

價值澄清教學常遭致下列五項批評：(1)可能造成價值混淆：若教師不予心智發展尚未成熟的兒童、青少年指導，不傳導社會文化既存的價值，而僅進行一連串問題與活動，可能價值形成流於膚淺、浮誇的表面效應，甚易形成兒童、青少年價值的混淆；(2)可能受限選擇活動：價值澄清實施的討論問題與活動，本身可能蘊涵特定的價值，衍生限制學生的自由選擇；也可能過於強調某階段或步驟的活動策略，以致疏忽價值澄清法的整個過程；(3)可能形成多種截然不同的價值：價值澄清法相當主觀，情境不同，學生反應互異；情境相同，亦可能因為不同時間、活動產生截然不同的反應，教師難以有效掌握教學進度與內涵；(4)可能受到團體干擾：澄清常以團體方式進行，個體易受團體動力的影響，產生非個體所珍愛的價值；若個體個性內向，不善語文表達，較難肯定自己持有的價值，但卻不能說他沒有形成價值；(5)價值澄清易受情緒、感受欺矇：價值澄清教學雖然強調情緒、感受，個體卻易受情緒、感受欺矇或失去理性的判斷，而未確切地評估選擇可能的後果。針對上述批評，教師因體認價值澄清教學秉持人本主義精神，而人本主義曾遭受不同觀點的批評，因此對上述批評不宜驚慌，而宜將上述批評當成可能的問題，於教學時謹慎因應，將上述可能問題降低。

(三) 實施價值澄清並非完全保持價值中立

Raths、Merril 與 Simon（1978）強調在處理價值時，雖然必須保持非批判的方法與接納的態度，並使學生站在自我批判思考及批評的基礎上，擁有自己的觀念，但是，並非要求教師完全保持價值中立。教師可適度揭露自我價值，但只是以團體一份子角色分享，而非以教師、權威者角色出現。澄清回

應是一種誠摯的企圖，企圖幫助學生檢視自己的生活，鼓勵學生思考他們的生活，並且在肯定接納現實的氣氛中，思考其生活。因此，要避免在說教、灌輸、反覆教訓或武斷的氣氛下進行澄清回應。

(四) 慎選回應時機

　　教師實施價值澄清教學，應營造相互尊重、相互接納與民主的團體氣氛。如何慎選回應時機，避免讓學生感受到恐懼，乃成敗關鍵。教師回應可能在個別晤談、駐足閒談、小團體諮商、小團體討論、班級討論、會談、個別澄清式書寫作業發表……等等活動當中，教師均應在適當的時機給予澄清式回應，適當的回應時機係依不同活動性質而定。教師必須減少說話，依據Raths、Merril 與 Simon（1978）的三階段七步驟為線索，有智慧的準備多種能隨機應用的澄清式回應問題，讓學生多發表。教師的職責應是本著成熟的經驗及智慧，針對學生出現的價值指標，立即判斷學生的某些階段與步驟理念可能尚未完全澄清，提出某一階段之某一步驟澄清式問題。雖然教師較喜歡有「標準答案」式的問題，然此問題不宜用於澄清回應。

(五) 謹慎落入價值陷阱

　　教師實施價值澄清教學，常因急於見到成果，而落入「作道德判斷或評價」、「要求立竿見影」、「一次問很多問題」、「尋求標準答案或固定公式」等陷阱，教師宜避免作道德判斷或評價，激發思維勿求立竿見影，莫疲勞轟炸，勿一次問很多問題，秉持「無標準答案、無固定公式」理念。

參、繪本教學

　　「繪本」與圖畫書相似，包含圖畫與文字，圖文著重相互配合一致、呈現整體平衡。圖畫是繪本的生命，乃最先吸引讀者視線的東西，因此繪本乃視覺化效果的兒童文學作品。繪本可分為十類：家庭故事、家庭日常經驗、城鄉故事、天氣和季節、自然故事、寫實的動物故事、想像的動物故事、幽默和想像圖畫書、現代民間故事、不同時空的圖畫書等。繪本插圖有不同呈現方式，如木刻、銅版畫、剪貼畫、撕畫、水彩畫、素描畫、水墨畫、圖案畫、卡通畫、照片畫、混合畫等。隨著繪本大量的生產，用之於教學情境也愈來

愈普遍，特別是愈來愈多的國中小教師將繪本教學融入綜合活動學習領域教學，引導學生省思與建構內化意義。

一、繪本教學的意義

「繪本教學」乃激發學生視覺、聽覺、思考幻想的空間，藉由聽讀圖文訊息、導引討論與分享的歷程，進行省思與建構內化意義，以達成教育目標，養成終身閱讀習慣與培養自主學習能力。周紫芸（2001）強調繪本教學理念和目標乃在逐步培養孩子由聽覺的童話到視覺的童話（和書聯結），再到觸覺的童話（借書自己看），而後產生內化，養成閱讀習慣（心靈好友），終至終身閱讀（自學能力）。可見，「繪本教學」較「故事教學」更能激發學生視覺、聽覺、思考幻想的空間。

優秀「繪本」的性質具有適性化、趣味性、藝術性、教育性、傳達性、延展性等特質：(1)適性化：故事內容宜考慮學生的身心發展、能力和需求，配合孩子的興趣需要；(2)趣味性：故事內容與繪畫呈現必須能吸引學生注意力與激發閱讀興趣，內容充滿趣味；(3)藝術性：圖像的表現除了要貼近學生的世界，讓其可用直覺進入，捨棄大人慣有的閱讀方式，而先讀圖，若能在圖中賞心悅目，乃頗佳的繪本；繪本的線條、用色、布局、情境表達，都要合乎「美」的原則；另外，每張圖必須藉由它的「表情」來說話，而圖與圖之間，則必須前後呼應，以製造出連貫性及說故事的效果；(4)教育性：繪本應讓學生閱讀或聽完後獲得啟示，教師選擇繪本必須配合教學目標與單元主題；(5)傳達性：繪本能否清楚簡易的傳達出核心理念，學生易懂，教師易於傳達予學生、幫學生瞭解其內容；(6)延展性：繪本能否延伸產生一連串的活動，其包含的價值觀可否帶入學生心靈，引導學生建構意義。

繪本具有下列八項功能：(1)增加認知學習：傳達正文內容；(2)增進語文學習：傳達文字意涵；(3)提供生活經驗：強調人物特性，建立場景，提供類似或創新經驗；(4)促進心靈的成長：提供不同的視野；(5)涵養美學：圖畫的呈現，以及線條、用色、布局、情境表達均重「美」；(6)增進閱讀樂趣：提供趣味布景，教師烘托氣氛；(7)培養創造想像的能力：豐富圖畫、簡短文字，提供想像基礎；(8)增進建構內化意義：提供象徵寓意，協助建構意義。

二、繪本教學用於綜合活動領域的原則

　　成功的繪本教學，並不是只有將繪本內容唸一唸、說一說，而是要帶領學生進入繪本的世界。教師依據教學目標與情境，慎選繪本與教學方式，掌握聲音、表情與動作的變化，營造生動情境，適切融入多媒體資訊，以達成教學目標。教師運用繪本教學於綜合活動學習領域應把握下列原則：

(一) 掌握綜合活動學習領域之精神

　　「綜合活動」學習領域之「綜合」是指萬事萬物中自然蘊涵的各類知識，「活動」是指兼具心智與行為運作的活動，一個人對所知的萬事萬物要產生更深入的認識，需透過實踐、體驗與省思，建構內化的意義。可見，運用繪本教學於綜合活動學習領域宜掌握「透過實踐、體驗與省思，以建構內化意義」的精神。

(二) 熟悉繪本內容與情節

　　說故事前必須熟悉故事的內容，瞭解故事中的主要人物、地點或時間，如此才能將故事生動地呈現於孩子的心靈世界中。

(三) 選擇呈現方式

　　繪本教學在呈現方式與引導方式，均必須事前妥為規劃。繪本呈現方式，至少可分成大書、每人一本小書、影印放大、圖卡、口述、戲劇、多媒體（單槍投影、實物投影機投影以及錄音帶或錄影帶）等方式。繪本引導方式，可分為閱讀、朗讀、影片、戲劇、多媒體或電子書及其他方式。教師說故事的方式相當多元，包括以記憶式或自由式的口述、以故事書為主、以圖卡為主，以及以玩偶為主等方式呈現。以口述、戲劇等方式來進行繪本教學，頗能拓展肢體與聲音的表演空間，教學者和學生都可以發揮更大的想像力在繪本中創作。

(四) 營造身歷其境氣氛

　　要讓學生看到教師的臉及看清楚繪本的插畫；透過視覺來觀察插圖，讓孩子去欣賞圖片中的含意，感受圖畫中的意境與美感，激發想像力、觀察力、創造力。如讓學生圍在老師身邊，或善用遊戲、唱遊練習、角色扮演、接龍等方式。

(五) 善用聲音、表情與動作

　　教師本身的聲音表情、肢體語言是口述、戲劇等成效好壞的關鍵。繪本教學要善用「聲音、表情與動作」，讓繪本內涵生動活潑。聲音可透過速度的變化、適當的停頓語氣以及高低起伏、抑揚頓挫，適切地傳達出劇情的曲折變化。表情的變化能幫助學生感受故事中的情境與獲得整體經驗。肢體語言與動作若能配合故事的情節發展，將有一份更真實的感受和深刻的經驗。善用懸疑與驚喜，若能製造一些緊張懸疑的氣氛或是加入驚喜的成分，必能有畫龍點睛的神奇功效。

(六) 適切運用多媒體

　　只憑藉著口說和肢體語言說故事的方式，已難滿足學生的需求。善用資訊媒體能增加吸引力，使內涵更生動活潑，擴展想像力。教師應掌握各種媒體的特性，配合兒童的需求及故事的特性，選擇適合的媒體。留意主軸避免本末倒置，教師不宜侷限於使用單一媒體，應靈活應用各種媒體，避免誤用，造成將學生注意力轉移至媒體本身，喪失運用媒體的本意。然而，教師必須瞭解以多媒體呈現的方式進行繪本教學，不易掌握故事的延續氣氛，動線、聲音表情、肢體語言也會受限，但它可以適性地開發教材，彈性地應用教學媒體以調整教學方式。

(七) 掌握繪本教學階段

　　繪本教學通常包括下列四個階段：一為「事前準備」，包括教師準備事項、學生準備事項，然學生準備事項應於上課一週前告知；二為「情境布置」，針對繪本內涵，營造身歷其境氣氛；三為「活化繪本」，選擇呈現方式，善用聲音、表情與動作，並適切運用多媒體來活化；四為「分享回饋」，分享回饋的三項重點依序為「What？」、「So what？」、「Now what？」扼要說明於下：(1)「What？」：探討看到繪本的內涵，包含圖、文、情節、聲音或其他。例如我看到什麼？我注意到什麼（如哪些人物、哪些圖畫、哪些情節）？整個故事，讓我印象最深刻的地方（如哪些人物、哪些圖畫或情節）？(2)「So what？」：將繪本經驗與舊有經驗連結並引發可能的新經驗。如：整個故事，讓我想到什麼？整個故事，讓我想到以前哪些事情？整個故事，讓我想到以前哪些事情和故事情節很像？為什麼？整個故事，和我們的生活中，

有哪些類似的情況？聽（看）故事之前、之後的感受或想法有什麼不同？整個故事，對我有幫助或沒有幫助？為什麼？(3)「Now what？」：將繪本經驗用於日常生活或其他學習活動。如：整個故事，讓我有哪些啟示？整個故事，讓我對自己有哪些新的認識或看法？整個故事，讓我想到以後要怎麼做（或改進）？我現在或未來想跟誰分享這個故事或心得？

三、繪本教學的困境與因應策略

　　國中小教師實施繪本教學，經常遭遇下列四項困境：(1)購書經費：繪本大書或每人一本小書的經費相當昂貴，一般國中小難以支付；(2)教師多媒體資訊素養：多媒體設計、前置作業與運用，有賴教師資訊素養，然教師精熟者仍屬少數，難以大力推動；(3)多媒體設備：學校或教師單槍投影機、實物投影機、錄音機與錄影機、筆記型電腦等設備均需龐大經費，學校購置經費嚴重不足；(4)製作耗時費力：若將繪本翻拍成jpg檔等照片，並製作成PowerPoint的簡報檔案，或製作錄音帶與錄影帶，均耗時費力，以現在教師教學負擔已相當沉重情況下，難以大量製作。

　　為突破上述困境，建議教育部或縣市教育局（處）組織繪本教學研發團隊，集合具繪本教學經驗與資訊素養優秀的教師共同研發繪本多媒體教材，提供全國教師參考運用。教育部或縣市教育局（處）撥付專款經費補助學校購置繪本或多媒體設備。但若教育部與縣市教育局無法及時協助，國中小教師可自行號召研發團隊，以策略聯盟、分工合作方式製作繪本多媒體教材，或至鄰近學校借用多媒體設備，克服萬難，實施精緻化、優質化的繪本教學。

肆、學習檔案

　　Paris 與 Ayres（1994）提出利用學習檔案、問卷或調查清單、日誌與書信及各種不同的協談會議等四種常用於增進學生反省思考的教室活動。歐慧敏（2003）亦強調運用學習檔案來說明學生增進省思的運用方式。

一、學習檔案之類型

學習檔案可用學生不同形式的表現和作品來呈現；例如，寫作、書籍閱讀清單、期刊記載、相片、音樂或戲劇表演的錄影帶、科學實驗的報告、手稿、外語發音錄音帶、數學問題的解答及詩的創作。至於檔案的類型，學者看法則有所不同，如Cole、Ryan與Kick（1995）將檔案分成過程檔案（process portfolio）、成果檔案（product portfolio）兩類。Valencia 與 Calfee（1991）將檔案分為展示檔案（showcase or display portfolio）、文件檔案（documentation portfolio）、評量檔案（evaluation or assessment portfolio）三類。另外，Ryan（1994）強調教師專業成長的檔案。分析上述學者分類，教師專業成長檔案與班級評量關係較小，Valencia 與 Calfee（1991）的展示檔案、文件檔案，分別與 Cole、Ryan 與 Kick（1995）的成果檔案、過程檔案頗為接近，因此，僅將省思教學較常用的學習檔案分為成果檔案、過程檔案與評量檔案三類。

(一) 成果檔案

成果檔案用於班級情境，乃展示最優秀的學生彙整作品或成果，展示的主題由教師與學生決定，可選擇一個主題、多個主題或一系列的核心主題。此種檔案常展示於親子座談會、家長教學參觀日，或教師在職進修的工作坊或研討會，藉以達到相互觀察與學習的效果。

教師通常先決定學生必須精熟的學習任務，學生再自行決定與選擇、彙整優秀或滿意的作品成為成果檔案，以作為達成學習任務的證明。成果檔案展現學生個人獨特本質、達成學習精熟任務或富創意的學習結果，教師僅扮演輔導者，引導學生從不同角度作更適切的思考與表達。參觀成果檔案的觀眾包括教師、家長和學生等三種不同身分，教師宜引導學生考慮三種不同身分者的需求與觀察向度，激勵其更周詳的表達與呈現。

雖然成果檔案可讓學生展現其學習成果，表現其能力與天賦，但仍有下列兩項限制：(1)缺乏過程的作品難窺努力與成長歷程：展示檔案以呈現最優秀作品為主，使得他人未能看到學生由起點到終點整個學習過程的努力與成長；(2)難以建立評量的標準和規範：展示檔案尊重個別差異與激發學生創意，使得各檔案均具特色，難以找到共通的評量標準與規範，評定檔案結果宜以文

字敘述，或依據評定量表或檢核表來評定學習結果。

(二) 過程檔案

　　過程檔案著重呈現學生學習歷程進步、努力與成就的觀察和紀錄，如學生作文的過程檔案會完整呈現整個寫作歷程所用的稿紙，從大綱、草稿、初稿、完稿的寫作歷程資料均予呈現，而成果檔案則著重呈現完稿的寫作成品。過程檔案係師生依據特定目的，有計畫、有系統的蒐集學生資料或作品，只要是師生討論後認為與學習歷程有關的資料或作品均可納入，如計畫初稿、不同意見、出乎意外的結果，或連續性的各項討論記錄。過程檔案可為一個主題的檔案、系列核心主題的檔案，或整個學期或學年學習成果的檔案，教師要求學生製作過程檔案時，應告知目標、範圍、完成期限或其他注意事項，學生方能適切製作。

　　過程檔案能提供豐富、動態的歷程資料，不僅有助於深入瞭解學生學習過程，且具有診斷功能。學生製作過程檔案，通常必須回答下列問題：(1)整個製作檔案過程，希望達成的目標為何？(2)製作過程檔案的計畫或步驟為何？(3)從製作過程檔案中獲得什麼？(4)從檢討檔案中，未來可改善之處？(5)製作整個過程檔案後，往後應該努力做什麼？因此，學生必須省思製作過程檔案的歷程，增進自我反省能力。決定過程檔案的成果蒐集內涵大部分由學生決定，教師僅從旁協助而不介入，學生過程檔案可能短少某些學年欲評量的重點，因此，教師若能於實施過程評量時，列出參考重點供學生參酌，待學生熟練後則不需列出參考重點。

　　過程檔案涉及整個學習歷程，使得評量頗為不易。欲有效評量學生成長，必須適切規範文件檔案的呈現重點，一份過程檔案至少應包含形成觀念的初步草稿、同儕評論後修改稿和最後定稿等三種紀錄。過程檔案旨在評析學生的進步和成長，因此，評量重點有二：一為過程檔案歷程的開始和結束；二為學生的反省對學習改善或進步的程度。

　　過程檔案與成果檔案均難以建立評量的標準與規範，但過程檔案的資料眾多，使得評量較成果檔案費時費力。欲克服教師費時費力限制，教師可事前設計檢核表或評定量表，並參與學生討論，用聽來評量；亦可納入學生自我評量，學生先初評後教師再複評。

(三) 評量檔案

　　評量檔案係教師先依據教學或評量目標來設計學習內涵與評量標準，再要求學生就學習內涵與評量標準著手蒐集或製作檔案，後依據評量標準實施評量，此歷程可將檔案內涵與評量標準化，可引導學生有系統檢視、反省作品，更可提高評量的效度。教師能否設計符合學生興趣與需要的學習活動，且每個學習活動均給學生創意發揮的空間，乃評量檔案成敗的關鍵。

　　成果檔案和過程檔案最常在班級中使用，而評量檔案通常用於班級間與學區間比較，而比較宜經由較標準化的程序。

　　評量檔案雖具有標準化衍生的優點，亦因而具有下列限制：(1)學生自主空間較成果檔案、過程檔案小，學生創造力稍受限制；(2)學生可能依據評量標準蒐集或製作檔案，而忽略評量標準之外的重要資料；(3)學生依循教師學習內涵製作，較難以窺知學生思考歷程；(4)學生必須負擔檔案成敗的責任較成果檔案、過程檔案小，較難以培養自主負責的精神。

二、學習檔案之運用

　　Paris 與 Ayres（1994）、歐慧敏（2003）提出最常用來增進學生省思的學習檔案之運用方式：

(一) 使用的對象及所需材料

　　學習檔案可提供幼稚園到大學、不同學科領域，有關學生成就紀錄的公開展示。所需的材料，只要能方便攜帶，適合教室置物櫃的大小及內有小袋子可存放學生的工作成果即可。

(二) 準備一份學習檔案文件選項清單

　　教師應為學習檔案準備一份文件選項清單，此清單的內涵為教師所重視的學習面向及想加以評量並報告出來的學習成果。這些學習成果是以學生的實作表現（performance）、學習歷程（process），及知覺（perceptions）為基礎，因教師不僅要檢視學生的實際工作，亦應檢視其策略及態度。其實作表現的證據可以已完成的工作清單或作品為代表；學習歷程的證據則可以包括學生的草稿、半成品，策略的評量及教師對學習行為的觀察；知覺的證據包括自我態度、動機及工作進展的自我報告。

(三) 尊重學生學習自主權

由學生自行決定哪些作品要放入學習檔案中。學習檔案提供一個具體的方式，讓學生學習評價其工作，當他們要為哪些東西可收入學習檔案內的決定負責時，就有一股驅力使其從新的觀點來檢視工作。

(四) 善用自我評鑑、調查清單或問卷

利用自我評鑑、調查清單或問卷來鼓勵思考其工作成果。此類清單提供一個架構來幫助學生檢視並清楚地說明自己檔案夾作品的選擇理由及值得注意的事項。

(五) 慎選學習日誌

安排置入檔案內的學習日誌，以記錄學生的回應、自我評鑑及在學科中所習得的重要概念。並利用學習日誌來評量學生的概念理解、計畫及策略。

(六) 安排分享時間

安排時間，讓學生彼此分享其學習檔案，若是可以，亦可邀請家長加入。此一安排乃是讓學生觀摩彼此的作品，營造出高動機的學習環境。

(七) 運用學習檔案摘要單

使用學習檔案摘要單，其內涵應包括給老師及學生評論的空間，其完成時間應在分享檔案之後、協談會議之前。學生應在所屬的部分填寫完畢。摘要單設計應符合提供一個理解的架構，讓學生去檢視其工作成品及為師生間學習檔案協談會議提供一個指標。

(八) 善用不同形式的協談會議充分討論

透過不同形式的協談會議，討論學習檔案的內涵，讓學生以語言傳遞想法，藉著放慢思考歷程並分享，來測試想法和探索自己的態度，並養成省思的能力。教師在回應學生日誌及協談會議時，宜隨時誘發反省思考，接受立即的回饋，如此學生不會重蹈覆轍或變得無趣。

三、運用學習檔案之注意事項

運用學習檔案於省思教學，可適切反映出學生應用、推理、分析、綜合、評鑑等高層次認知行為，讀、說、寫與其他實作技巧等技能，作文、各種報告、美術、音樂或其他藝術或科學作品等學習成果，以及學習態度、興趣、

學習動機、努力情況、求知精神等情意，漸受教師的青睞與使用，然為求更適切運用，茲提出下列原則供參酌：

(一) 學習檔案必須與省思教學、檔案評量相結合

教師運用學習檔案，不應將省思教學、自主學習、測驗評量予以區隔，宜將省思教學與檔案評量緊密結合。若學習檔案離開省思教學，僅是學生個人興趣的蒐集，對省思教學的意義甚低。若學習檔案離開檔案評量，僅是缺乏目標的資料蒐集，因此，學習檔案必須與省思教學、檔案評量充分結合。

(二) 學習檔案應實施多次、階段的協助或省思

學習檔案乃教師依據教學目標與計畫，請學生持續一段時間主動蒐集、組織與省思學習成果的檔案。學生在一段長期的資料蒐集過程，若能分成幾個階段與討論、檢視學生的進度與狀況，階段性呈現作品展示或交換同儕心得，並施以立即的協助、評析與省思，當可更精確掌握學生學習歷程，診斷學習問題，提高檔案的品質，增進學生成長，及增強省思能力。

(三) 學習檔案應顧及可使用資源與學生家庭背景差異

教師運用學習檔案進行省思教學，應瞭解學校、社區或網路可用資源，學生必須花費的人力、物力、經費與時間，家長、學生、學校對檔案的接受度或支持度，如某縣市有位教師設計「美的饗宴檔案」請學生參觀文化中心的繪畫個展，但學校距離文化中心甚遠，使得家長質疑此學習檔案的適切性，因此，檔案內容最好能接近學校鄰近社區，若學校電腦頗為普及，則可引導學生從網路取材。另外，檔案製作與學生父母的教育程度、對子女教育關心與投入程度息息相關，若父母教育程度佳且重視子女教育者，通常會引導、協助檔案製作，甚至代替子女完成檔案；而父母教育程度較低或不關心子女教育者，通常不會給予子女協助。

(四) 學習檔案評量應採漸進式、引導式模式

國內中小學學生製作學習檔案的經驗甚少，為避免學生茫然摸索或一開始即遭受嚴重挫折，應採取漸進式、引導式的實施模式，由觀摩檔案範例、再製作小規模檔案、後製作較大規模檔案，由藝能科到主要學科的漸進式模式，但不可超出學生可運用資源或花費太多時間。學生製作檔案初期，應予學生較多的引導、討論，最好提供書面資料講解檔案的學習目標、製作程序、製

作原則、製作注意事項及省思向度與標準，讓學生能深入瞭解學習檔案目標
與內涵，免於過度憂慮與不安。

|第2章|

教學評量

教學評量（assessment in teaching）係指教師將所得的訊息資料加以選擇、組織，並解釋之，以助於對學生做決定或價值判斷的過程；訊息資料乃教師在課堂上蒐集到的種種量的或質的資訊（Airasian, 1996）。

📌 第一節　多元評量的意涵與特質 📌

欲瞭解綜合活動學習領域教學評量的精髓，宜先剖析多元評量的意涵與特質。茲分述於下：

壹、多元評量的意涵

茲綜合李坤崇（1999，2001a，2001b，2002b，2006）、Airasian（1996）、Gardner（1993）、Lazear（1999）、Wolf、Bixby、Glen 與 Gardner（1991）之觀點，闡述多元評量的意義。多元評量係以教師教學與評量專業為基礎，依據教學目標研擬適切的評量方式、評量內涵、評量人員，以及評量時機與過程，並呈現多元的學習結果，以提供更適性化的教學來增進學生成長。

以筆者累積走訪廿五縣市國中國小研討課程改革等經驗，發現國中國小教

師或行政人員對多元評量的迷思為基礎，提出下列多元評量迷思（李坤崇，2002b）：

一、多元評量並非廢除紙筆測驗

有極少數教師認為，實施多元評量即廢除紙筆測驗，此種思維乃極端思維、謬誤思維。實施多元評量乃因以往傳統紙筆測驗定於一尊，紙筆測驗幾乎掩蓋所有評量方式。然而，實施多元評量乃基於適性化、目標化的理念，不僅讓每位學生的各種能力均獲得充分發揮，不限於紙筆書寫能力；更讓各項教學目標均得以最適當的評量方式，來檢核學生達成目標的程度。因此，實施多元評量並非廢除紙筆測驗，而是依評量目的選取適切的評量方式，莫為紙筆測驗而紙筆測驗，亦莫為排斥紙筆測驗而排斥紙筆測驗。

二、多元評量並非一種評量

有甚少教師誤將檔案評量、實作評量或遊戲化評量等單一的評量方式，視為多元評量，此乃謬誤思維。多元評量顧名思義乃評量學生學習表現，使用兩種或兩種以上的評量方式，方能稱之。

三、多元評量莫為多元而多元

有些教師誤以為沒有實施多元評量就不是課程改革，出現頗多為多元評量而多元評量的現象。實施多元評量必須呼應評量目標，依據評量目標選取最適切的評量方式，陷入紙筆測驗或多元評量的窠臼，均非理想。多元評量應考量學生、家長與教師負擔，若過於複雜、過多時間，將使得教師、學生在評量花費更多時間，而排擠到教學，導致過重評量而輕忽教學的亂象。實施多元評量亦不應造成家長困擾，應顧及家長家庭背景、時間，避免對家長造成不必要的負擔。因此，教師設計多元評量應以簡易可行為原則。

四、多元評量並非目的

有極少數教師將多元評量視為目的，一味的盲從附和，而忽略多元評量實乃瞭解學生學習成效的工具，是手段而非目的。教師應秉持專業素養，考量

教學目標，善用最適切的評量方式來衡量學生學習成果。

五、多元評量並非學習終點

　　國內有些教師或家長將評量視為學習的終點，僅作為獎懲的依據，而未深究其學習得失，更未提出補救或增強措施。教師實施教學評量並非是學習的終點，而係另一個更適性化學習的起點。實施多元評量覺察學生在各種學習內涵的成果後，應提出適性的教學策略，激發學生潛能與補救學生的學習缺失。

六、多元評量並非主觀評量

　　多元評量常用紙筆測驗、實作評量、軼事紀錄、口語評量、檔案評量、遊戲評量、動態評量等多種評量方式，除紙筆測驗的主觀性較少受質疑外，頗多人誤以為其他評量方式乃主觀的評量。其實嚴謹的實作評量、軼事紀錄、口語評量、檔案評量、遊戲評量及動態評量，通常會擬定評分規準作為計分依據，盡量減少人為的主觀干擾。因此，多元評量未必主觀，一份詳列評分規準的非紙筆評量，評分仍相當客觀。

七、多元評量並非萬靈丹

　　多元評量雖可避免單一紙筆測驗之失，但多元評量並非萬靈丹，仍有其先天的限制，如增加工作負擔、經費負擔。除了教師應不斷充實與提升自己的評量專業素養外，仍應持續研發各種符合教學目標的多元評量方式。教師亦應獲得學校行政、家長、社會大眾的支持，不斷嘗試與修正，共同面對挫折與渡過調適期，方能落實多元評量理念。

貳、多元評量的特質

　　教師為落實人性化、多元化、適性化、優質化的教育理念，實施多元評量應展現下列特質：(1)教學與評量統合化、適性化；(2)評量專業化、目標化；(3)評量方式多元化、彈性化；(4)評量內容生活化、多樣化；(5)評量人員多元化、互動化；(6)結果解釋人性化、增強化；(7)結果呈現多元化、適時化、全

人化；(8)教師運用標準參照測驗（李坤崇，1998a，1999，2002b，2002c，2006；簡茂發、李琪明、陳碧祥，1995；Kubiszyn & Borich, 1987; Linn & Gronlund, 1995; Linn & Miller, 2005）。

　　日本修訂後的《國中學習指導要領綜合學習時間解說》（文部科學省，2008b）、《國小學習指導要領綜合學習時間解說》（文部科學省，2008a）均強調下列評量重點：(1)學習評量「不建議」採用筆試等數值性評量方式。具體的評量方式，包含「可信賴的評量法」、「多樣化評量」及「評價學習狀況之過程」等三個面向；(2)為了確保評量過程的多樣性，採用不同的評量方法或評量人員，增加評價組合的多樣性，例如：根據成果發表或討論的情況，或學習活動的狀況；報告、工作表、筆記、作文、論文、繪圖等作品之評量；累積一段時間的學習活動過程或成果等紀錄、作品、實施學習歷程檔案（portfolio）評量；在特定問題中，評估學生如何活用習得的能力；以評量卡或學習紀錄，讓學生自評或互評；由教師或其他地方人士等進行外部評量；(3)除了學習成果之外，學習過程也是必須列入評量的項目之一，因此，除了在學期末進行成果評量外，期中的學習過程評量亦有其必要性。課程活動前掌握學生能力狀況，課程進行中把握學生的學習狀況以茲改善，課程結束後把握學生的學習狀況並改善等，以多樣的評量方式，在各階段有計畫地實施是相當重要的。透過所有評價過程，掌握學生實態與學習狀況，對適當的教學指導有莫大助益；(4)在綜合學習時間中，讓學生針對自己進步的地方或優點積極評價，可以讓學生察覺到自我的成長及優點。

　　「多元評量」強調「多元」，必須具備下列特質方能掌握人性化、多元化教學評量理念（李坤崇，2001c，2002b，2002c，2006）：

一、專業多元

　　教師專業乃教育改革的動力，缺乏專業則將失去前進之動力。多元評量的專業素養，不僅應具學科專業素養與掌握教學目標，更應包括教學專業素養、評量專業素養。李坤崇（1999，2001b，2002b，2002c）認為，為達評量專業化、目標化地位，教學評量宜加強下列八項重點：(1)掌握教學目標：教師必須能清晰明確地掌握欲評量科目單元的教學目標，方不致於教學與評量脫節；

(2)專業判斷知能：有些教師質疑一般出版社提供之「習作」或「學習評量單」不完全切合班級學生，因無一套評量工具適用於所有學生，而補救之道在於教師能否以評量專業素養，來分析坊間各項評量工具的優劣、評析是否適用於班級學生，瞭解現成評量工具是否需稍做修改以切合班級學生；(3)兼顧技能與情意的評量：評量不應限於低層次之認知，而應顧及技能與情意之評量及高層次之認知；(4)剖析教材內容：逐一剖析教材單元的重心，瞭解學生可能的學習問題；(5)設計細目表：依據教學目標、教材內容設計完善之雙向細目表；(6)規劃評量方式或慎選題目類型：採取適切的評量方式，如行為檢核表、態度評量表、觀察報告；若採取紙筆測驗，宜依據認知領域教學目標的層次慎選題目類型；(7)善用命題技術：命題必須符合命題原則，充分善用命題技術，來適切呈現學生的學習結果；(8)適切解釋評量結果：有些教師解釋評量結果時，對學生實施不必要之分類或貼標籤，使得學生遭受挫折，產生負向自我觀念或悲觀的處事心態，因此，教師必須適切解釋評量結果，讓學生能從失敗中成長，能從挫折中重生。

二、內涵多元

評量內涵至少包括認知、情意、技能等，展現評量內涵生活化、多樣化。以往學生考試只要抱著教科書死背，當個「貝多芬」（背多分）就可得高分，乃傳統教學評量內容多以教科書中認知層面之記憶、理解能力為主，較少顧及技能、情意及認知層面之高層次思考能力或生活化的題材。李坤崇（1998a）認為推動教育改革除考慮認知、技能、情意外，尚需兼顧學生的學習歷程、生活世界與社會行為。「學習歷程」包括學生的學習方法與習慣、求知歷程與解決問題能力，學生以往限於書本記憶而疏於應用，且家長過度保護剝奪學生成長機會，使得學生自我解決問題的能力欠佳，故學習歷程應被納入評量之中。「生活世界」乃學生日常行為、待人處事能力，或許有人會說現今教育培養一群躲在象牙塔的書呆子，缺乏走入人群的待人處事能力，若納入評量將可引導學生注重此方面之學習。「社會行為」乃學生人際關係的社會行為或社交技巧，時下學生常拙於情感表達或社交技巧，導致此類犯罪事件層出不窮，可見，教師宜透過評量來強化學生的社會行為（李坤崇，1999，

2006）。

　　九年一貫課程基本理念在於養成學生「終身學習」的能力，而傳統學習單停留於抄寫、認知階段，若未能突破將難以達成九年一貫課程基本理念。教師為激發學生自主學習與培養終身學習的能力，學習單宜特別著重學習歷程的導引。設計學習單應掌握四大重點：(1)告知學習目標；(2)引導學習歷程；(3)告知評量重點；(4)記錄評量結果。另外，實施九年一貫課程之多元評量內涵，宜將各階段能力指標進行細項（概念分析結果），再分析能力指標細項與認知、技能、情意的關係程度，最後決定評量內涵。分析能力指標細項與認知、技能、情意的關係程度時，認知層次著重「知識理解」、「思考批判」，技能層次著重「技能表現」，情意層次著重「意願態度」。然實際學習活動評量內涵，仍視各能力指標細項內涵不同而異（李坤崇，2001c，2002b，2002c）。

　　評量內涵亦可納入 Gardner 的「多元智能理論」（multiple intelligence theory），Gardner（1999）將智能定義為「個體處理訊息的生理、心理潛能，此潛能可用於解決問題或創作某種文化環境的重要作品」。此強調個體的主動性及文化價值。他對「智能」抱持的基本理念為：(1)智能並非與生俱來就是固定或靜態的；(2)智能可教、可學、可提升；(3)智能乃多向度的現象，展現於大腦、心靈、身體等系統的多種層次。

　　Gardner（1999）強調人類智能至少包含下列八項半智能：語文智能（linguistic intelligence）、邏輯—數學智能（logical-mathematical intelligence）、肢體—動覺智能（bodily-kinesthetic intelligence）、音樂智能（musical intelligence）、空間智能（spatial intelligence）、自然觀察者智能（naturalist intelligence）、人際智能（interpersonal intelligence）、內省智能（intrapersonal intelligence），及半項智能：存在智能（existential intelligence）。Gardner的「多元智能理論」漸受國際重視，且廣泛用之課程、教學與評量，教師實施評量時可適切運用此理論。

三、過程多元

　　評量過程顧及安置性評量、形成性評量、診斷性評量、總結性評量，呈現教學與評量統合化、適性化。評量不僅是預測學生未來發展、評定學習成果，

更要協助學生在教學歷程獲得最好的學習。有些教師應調整僅重視教學後實施總結性評量的作法，宜逐漸採取形成性評量，將評量納入教學，亦以評量結果作為改善教學的依據。雖然形成性評量漸受注視，但並非否定安置性評量、診斷性評量或總結性評量的價值，因為一個完整的評量歷程包括安置性評量、形成性評量、診斷性評量與總結性評量（李坤崇，1998a，2006）。

四、時機多元

評量時機包括定期評量與平時評量，國中國小一學期通常實施二至三次的定期評量。國中大多數學校採考試科目集中考試方式，國小則約有半數學校採隨堂考試方式，利弊得失難以論斷，然其決定應充分考量學校願景、教師素養、學生特質或家長需求等因素。教育部或主管教育行政機關並未規定平時評量次數，平時評量則因各學習領域性質不同而異，此通常由授課教師依其專業判斷、學校沿革、家長要求或學生特質來決定（李坤崇，2002b）。

五、情境多元

評量情境包括教室及教室外情境。以往評量情境限於教室，紙筆測驗一般均於教室實施。隨著評量方式的多元化，實作評量、軼事紀錄、口語評量、檔案評量、遊戲評量及動態評量等評量方式，常跳脫教室情境，在教室外實施。決定評量情境應依據評量目標、評量內涵及評量方式等因素權衡，不宜為室外而室外，亦不宜僅限於教室內。然若在教室外實施，通常學生遭遇安全問題較教室內為多，教師宜審慎規劃評量內涵與歷程，免於學生發生意外。

六、方式多元

多元化教學評量的多種特質中，以「方式多元」最重要。《國民小學及國民中學學生成績評量準則》（教育部，2001）第 6 條指出，評量方式應視學生身心發展及個別差異，依各學習領域內容及活動性質，採取筆試、口試、表演、實作、作業、報告、資料蒐集整理、鑑賞、晤談、實踐等適當之多元評量方式。

評量不限於單一的客觀紙筆測驗，評量方式至少包括紙筆測驗（筆試）、

實作評量（表演、實作、作業、鑑賞、實踐）、軼事紀錄、口語評量（口試、口頭報告、晤談）、檔案評量（資料蒐集整理、書面報告）、遊戲評量、動態評量等七項，顯現評量方式多元化、彈性化。

七、人員多元

教育部 2001 年 3 月公布之《國民小學及國民中學學生成績評量準則》（教育部，2001）第 6 條規定：「國民中小學學生成績評量，……，並得視實際需要，參酌學生自評、同儕互評辦理之。」然教育部 2007 年 5 月修訂之《國民小學及國民中學學生成績評量準則》（教育部，2007）則刪除此規定，即刪除學生自評與同儕評量。雖是從執行面可能遭遇困難而予以刪除，但因執行問題放棄理念，似乎是教育部待商榷之處。評定學生學習成果的評量人員，教師適切參酌學生自己、同儕或家長，瞭解其想法，此乃是對參與評量者的尊重，並減弱教師分數霸權的作為。

李坤崇（1998a，1999，2006）強調參與教學評量人員除多元化外，更需互動化，只有經由教師、家長、學生、同儕之充分溝通與討論，才能更清楚瞭解學生的學習歷程與結果，挖掘學生學習問題與及時施予補救教學。尤其是現階段的臺灣教育「強化親子互動、鼓勵家長參與」乃當務之急，推動教育改革若無家長參與，則遊戲化評量、檔案評量或其他多元評量將因教師負擔沉重而難以實施。

八、計分多元

評量計分包括直接給單一學習總分，以及經由基本分數與加權分數合計而得單一學習總分。一般教師較常「直接給單一學習總分」，相信多已瞭解，不再贅述。「基本分數與加權分數合計而得單一學習總分」方面，在個別學習時，教師為鼓勵學生參與學習歷程，先給予基本分數，再視其學習歷程與結果給予加權分數，兩者合為個別學習的分數；在小組合作學習時，基本分數常為小組的分數，而加權分數則為組內個人的表現分數或組內人員互評所得的分數。

九年一貫課程強調培養學生發展「尊重他人、關懷社會、增進團隊合作」

的基本能力，因此，小組合作學習將被更廣泛運用。茲分成小組基本分數、組員加權分數兩項說明之（李坤崇，2002b）。

1. 小組合作學習的小組基本分數可由老師直接評分，亦可由老師和各組學生代表共同針對各小組的表現和作品，來評定各組基本分數，然為避免秩序紊亂與計分困難，不宜由全班學生當評審。若由老師和各組學生代表共同評分，先將所有評分者評定的分數加總，再依照各組總分的高低將各組排名次，最後由老師依照各組的排名前後，以及考量其他因素，決定各小組的基本分數。

2. 小組合作學習的組員加權分數，可由老師直接評分，亦可由學生自評或互評的結果來推算。若使用組內自評、互評的結果來推算加權分數，先將組內全體組員評定分數加總，再依照每位組員所得總分的高低排定組內組員名次，最後老師依照組內每位組員的排名，以及考量其他因素，決定組內組員的加權分數。

九、結果多元

有些教師解釋評量結果時，偏向悲觀化、負向化、責備化，使得學生遭受甚多挫折，李坤崇（1998a）主張強化評量結果人性化、增強化，可從下列六項努力：(1)多鼓勵、多支持；(2)提供評分標準、範例；(3)評分重視評量歷程，莫只看評量結果；(4)善用報告或作品發表、展示，以增強學生；(5)欣賞富創造力的答案，莫以標準抹煞；(6)結果為教學的起點，而非終點。

國內學業能力較低的學生常須面對永無休止的挫折，因其再怎麼努力仍是班上學業成績的後段。教師呈現評量結果應兼採自我比較、常模參照或標準參照之方式，如批閱學生作業，可打「甲60或丁95」，甲、丁指全班作業的高低位置，60、95指學生的努力分數。李坤崇（1999，2006）提出「能力、努力兼顧之各項符號與評語」概念，納入國中國小常用的等第概念，發展出學習單各項符號與評語之內涵（李坤崇，2011，頁273），此種兼採能力、努力的結果雙軌制或可供教師參酌。

《國民小學及國民中學學生成績評量準則》（教育部，2007）第7條規定：國民中小學學生學習領域成績評量紀錄以量化紀錄為之；輔以文字描述

時，應依評量內涵與結果予以說明，並提供具體建議。前項量化紀錄得以百分制分數計之，至學期末應將其分數依下列基準轉換為等第：(1)優等：90 分以上；(2)甲等：80 分以上未滿 90 分；(3)乙等：70 分以上未滿 80 分；(4)丙等：60 分以上未滿 70 分；(5)丁等：未滿 60 分。學生日常生活表現紀錄，應就第 3 條第 2 款所列項目，分別依行為事實記錄之，並酌予提供具體建議，不作綜合性評價及等第轉化。第 3 條指出：「學習領域評量應依能力指標、學生努力程度、進步情形，兼顧認知、技能、情意等層面，並重視各領域學習結果之分析。」可見，第 3、7 條闡述評量結果解釋應兼顧質與量、能力與努力等向度，充分表現出結果解釋人性化、增強化，及結果呈現多元化、適時化、全人化（李坤崇，2002a，2006）。

《國民小學及國民中學學生成績評量準則》（教育部，2007）第 8 條規定：「國民中小學學生成績評量紀錄，每學期至少應以書面通知家長及學生一次；其次數、方式、內容，由直轄市、縣（市）主管教育行政機關定之。」可見，此準則已注意到國中國小教師大部分於學期末或段考後，將學生學習成果告知家長，往往學生學習情況已經相當嚴重，家長才被告知的現象。若能分段、適時提供學生學習成果予家長，更能發揮補救功能（李坤崇，2002a）。教師可依據自己的工作負擔、家長的需要、學生的狀況，設計每週、隔週、每月的學習評量通知單（李坤崇，1998a）。通知學習成果不限於學科表現，宜納入在校狀況、學習情形與自我評量，協助家長瞭解子女的全人發展，而非只是知識成長。另外，教師亦可定期或不定期製作「親師通訊」，以文字敘述或行為描述的方式，讓家長能更確切的瞭解學生學習的整體表現（李坤崇，1999，2002b，2006）。

❖❖ 第二節　綜合活動學習領域之教學評量 ❖❖

綜合活動學習領域的評量應兼顧形成性評量、診斷性評量與總結性評量，不僅著重學習與活動過程的形成性評量，重視剖析學習問題的診斷性評量，

亦應注重學習狀況與成果的總結性評量。評量方法應採取多元化評量,運用檔案評量、遊戲化評量(系列實作評量)、評量表或檢核表及其他評量方法,但不宜僅舉行記憶背誦內涵的紙筆考試。呈現評量結果應對學生學習態度、意願、思考、表現、知識進行「質的描述」,對知識內涵進行適切的量化描述。教師規劃綜合活動學習領域之教學評量時,應考量:評量內涵為何?評量方式為何?如何擬定評量標準?參與教學評量人員為何?何時實施評量?如何呈現評量結果?如何解釋評量結果?茲逐一闡述之。

壹、綜合活動學習領域評量內涵

綜合活動學習領域強調將知識轉化為能力,著重培養學生自主學習能力與積極主動的學習態度。因此,綜合活動學習領域的評量內涵除應兼顧認知、技能、情意等三個學習領域外,尚需顧及學生的學習歷程、生活世界與社會行為,並兼顧能力、努力兩個向度。

尾田正已(1998)強調體驗性綜合學習是讓學童主動的融合本身所處的自然環境、社會環境、人類環境,一面磨練其感性,一面發展其原有的知識與技能,或者是生活上全面性的綜合能力。評量重點在於透過整體的學校教育讓學生直接體驗,並針對生活而作全面性的思考、感受;讓學生自主思考並產生問題意識,積極解決問題的動力;讓自然而全面性的實際體驗,來驗證全面性的事物見解和思考方式;體驗後產生問題的意識,開啟詢問老師問題的求知動力。評量綜合性學習的重點在於「積極參與、主動態度和參與興趣、關心程度」。

小野寺忠雄(1998)強調日本青柳國小擬定的綜合學習時間以培養學生「生存能力」為前提,提出了感受性、創造性、自主性及社會性等四項教學方向,並以此四項為評量重點,以培養學生能獨立應對環境變化的生存能力。可見,日本青柳國小在綜合學習時間的評量內涵呼應教學方向,且均著重感受性、創造性、自主性及社會性等四項。

高浦勝義(1991)以圖 2-1「問題解決能力發展與評量」來闡述問題解決能力發展狀況,每個問題解決思考的階段均必須顧及自我教育能力與評量向

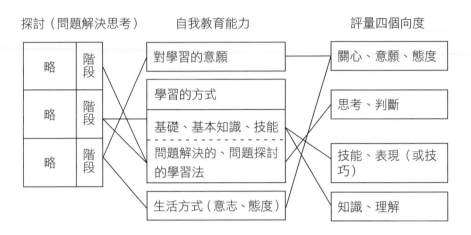

圖 2-1　問題解決能力發展與評量

資料來源：高浦勝義（1991）。**生活科的想法、實行方法**（頁 105-108）。東京，日本：黎明書房。

度。強調評量向度不僅將認知、技能、情意三個向度分化出「知識、理解」、「思考、判斷」、「技能、表現（或技巧）」、「關心、意願、態度」四項內涵，更強調學生的自我能力。「知識、理解」及「技能、表現（或技巧）」乃評析學生在問題解決活動的過程，獲得或創造的事物、事態相互關係的認知成果或技能成果，如打字技能、讀書、計算、精細的機械操作等的發展狀況。「思考、判斷」乃評估學生進行問題解決活動時，顯現的高層次思考或認知能力，主要是評量記錄觀察力（感覺事物、事態或知識、想起、確認的能力）、推理力（分類、比較、關聯、解釋、應用等能力），以及解決社會、人際關係各項問題的能力。「關心、意願、態度」乃評估學生學習的意願、對生活的關心，以及對生活方式的態度，

　　高浦勝義（1998）強調邁向個性化的問題解決評量模式（如圖 2-2 所示），認為學生在解決問題的歷程，若能兼顧「關心、意願、態度」、「思考、判斷」、「知識、理解、技能」三項內涵的評量，將能引導學生逐步邁向解決問題的更高階段與層次，逐步激發個人潛能，達到適應個別差異與適性發展的教育目標。

　　綜合 Bloom、Englhart、Furst、Hill 與 Krathwohl（1956）對教學目標分成認

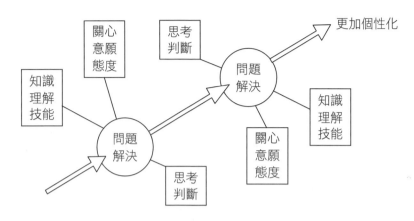

圖 2-2　邁向個性化的問題解決評量模式

資料來源：高浦勝義（1991）。**生活科的想法、實行方法**（頁 231）。東京，日本：黎明
書房。

知領域（cognitive domain）、動作技能領域（psychomotor domain）、情意領域
（affective domain）之分類，以及小野寺忠雄（1998）、尾田正已（1998）、
高浦勝義（1991，1998）的觀點，或許可將綜合活動學習領域評量內涵分成知
識理解、思考批判、技能表現、意願態度等四項，茲說明於下：

1. 「知識理解」乃教學目標認知領域之知識、理解層次，評量學生在綜合活
   動學習領域所獲得的知識與理解的教學內涵。
2. 「思考批判」乃教學目標認知領域之應用、分析、綜合、評鑑等四個層次，
   評量學生思考綜合活動學習領域各項問題，審慎判斷、批判各項問題或決
   定的能力。
3. 「技能表現」乃教學目標技能領域與生活世界、社會行為的行為表現，評
   量學生於綜合活動學習領域所獲得的各項技能，及表現於日常生活待人處
   事、人際互動、社會技巧、與大自然互動的行為。
4. 「意願態度」乃教學目標情意領域與學習歷程顯現的關心、興趣、努力、
   進步、意願與態度，評量學生於綜合活動學習領域關心課程主題、自動學
   習意願、自主學習態度，以及努力與進步程度的狀況。
   　教師實施綜合活動學習領域時，可針對學生學習現況所呈現的具體技能或

表現，從「知識理解、思考批判、技能表現、意願態度」四項內涵分類來評量，此分類或仍有待改善，僅拋磚引玉，期各界提供更寶貴意見。

貳、綜合活動學習領域評量方式

傳統評量幾乎均為紙筆測驗，且評分、排等第或決定領獎類別均以紙筆測驗之分數作為唯一依據，然因多元化評量的發展已漸趨成熟，已可做到相當客觀、公平；以往紙筆測驗僅以文字表達能力的單一標準來衡量所有學生，對不擅長文字表達者實不公平；以往紙筆測驗僅看學生表現結果與能力表現，未顧及學習歷程與未考量努力程度，較多元化評量更無法達到立足點的平等（李坤崇，1999，2006）。因此，實施綜合活動學習領域評量宜採多元化、彈性化的評量方式。教師評量綜合活動學習領域學習成效，宜彈性運用各種評量方式來適切評量學生，各種評量方法中，較常用於綜合活動學習領域評量者為：實作評量（評量表或檢核表）、檔案評量、口語評量、遊戲化評量（系列實作評量）、高層次認知紙筆測驗，以及軼事紀錄，茲扼要敘述之。

一、實作評量（評量表或檢核表）

Airasian（1996）、Fitzpatrick 與 Morrison（1971）、Wiggins（1992）主張實作評量係要求學生完成一個活動，或製作一個作品以證明其知識與技能，此評量讓學生在真實情境去表現其所知與所能。Aschbacher（1991）認為實作評量於教學情境係指教師依據專業判斷來評量學生的學習表現，學習表現包括題目反應、作品與學習過程。Linn 與 Gronlund（1995）認為實作評量包括文章寫作、科學實驗、語言表達與運用數學解決問題，強調做，而不僅是知道，兼顧過程與結果。Stiggins（1987）強調實作評量的目的在評量知識與理解化為行動的能力，強調學生善用有用的技能與知識，讓學生經由計畫、建構及表達原始反應，來評定學習結果；並以表 2-1 比較客觀式測驗、論文式測驗、口頭發問與實作評量在目的、學生反應、主要優點、對學生影響等的差異。

陳英豪與吳裕益（1991）主張實作評量是介於一般認知結果的紙筆測驗和將學習結果應用於未來真實情境的實際活動之間，係模擬一些標準情境的測

表 2-1

各種評量類型的比較

項目	客觀式測驗	論文式測驗	口頭發問	實作評量
目的	評量最具效率及信度的知識樣本。	評量思考技能或知識結構的精熟度。	評量教學中的知識。	評量知識與理解化為行動的能力。
學生反應	閱讀、評鑑、選擇。	組織、寫作。	口頭回答。	計畫、建構及表達原始反應。
主要優點	有效率：能在同一測驗時間內測量許多測驗題目。	可評量較複雜的認知結果。	將評量與教學結合。	提供實作技能的充分證據。
對學生的影響	過度強調記憶，若妥善編製可測量思考技能。	鼓勵思考及寫作技能的發展。	刺激學生參與學習，教師提供教學成效的立即回饋。	強調在相關背景下，善用有用的技能與知識。

資料來源："Design and development of performance assessments," by R. J. Stiggins, 1987, *Educational Measurement: Issues and Practice*, 6(3), p.35.

驗，其模擬的程度高於一些紙筆測驗所代表者。余民寧（1997）提出實作評量乃介於評量認知能力所用的紙筆測驗和將學習結果應用於真實情境中的表現二者之間，再模擬各種不同真實程度的測驗情境下，提供教師一種有系統評量學生實作表現的方法。吳鐵雄與洪碧霞（1998）認為好的實作評量包含真實、直接與專業評定等三項要素，真實係評量作業與實際生活經驗非常接近，直接乃作業本身即評量結果欲推論的範圍，專業評定係評定者的專業素養。

　　綜合余民寧（1997）、吳鐵雄與洪碧霞（1998）、陳英豪與吳裕益（1991）、Airasian（1996）、Aschbacher（1991）、Fitzpatrick 與 Morrison（1971）、Linn 與 Gronlund（1995）、Linn 與 Miller（2005）、Stiggins（1987）、Wiggins（1992）等觀點，實作評量之意義可定義為：具相當評量專業素養的教師，編擬與學習結果應用情境頗類似的模擬測驗情境，讓學生表現所知、所能的學習結果。

　　李坤崇（1999，2006）指出實作評量具有下列特質：(1)強調實際生活的表現；(2)著重較高層次的思考與解決問題技巧；(3)重視學生學習個別差異；(4)適於年齡幼小、發展較遲緩學生；(5)促進學生自我決定與負責；(6)講求評分、標準與人員的多元化；(7)強化溝通與合作學習能力；(8)兼重評量的結果與歷

程；(9)著重統整化、全方位、多樣化的評量；(10)強調專業化、目標化的評量；(11)強調教學與評量的統合。

實作評量能彌補傳統紙筆測驗過於僵化、內容與現實脫節、重視結果忽略歷程等不足。然與傳統紙筆測驗比較，實作評量具有下列缺失：(1)要求應用於實際生活，使得評量設計較不易；(2)評分較紙筆測驗主觀，易受評分者個人特質影響；(3)評分較客觀的紙筆測驗費時費力，較難用機械計分；(4)較難進行團體間學習結果之比較（李坤崇，1999；余民寧，1997；陳英豪、吳裕益，1991；Airasian, 1996; Linn & Gronlund, 1995）。

實作評量旨在評量知識與理解化為行動的能力，國中國小常用的實作評量包括評量表、檢核表、軼事紀錄、口語評量、檔案評量及遊戲化評量（系列實作評量）等六項，此節僅闡述評量表、檢核表。

評量表、檢核表主要的差異在於前者乃評量行為或態度的發生頻率，重點在程度高低；後者評量行為或態度的是否發生，重點在是否出現。

(一) 評量表

「評量表」係指一組用來作為判斷依據的行為或特質，及能指出學生在每種屬性中不同程度的量表，可用以評量學生學習態度、策略與興趣，或人格、情意發展狀況（李坤崇，1999）。教師應依據綜合活動學習領域能力指標或教學單元目標、實際需要，設計行為或態度評量表，以系統記錄學生將綜合活動學習領域學習成果用於日常生活、社會行為的狀況。

編製與使用評量表，宜掌握下列九項原則（李坤崇，1999，2006；陳英豪、吳裕益，1991；Linn & Gronlund, 1995; Linn & Miller, 2005）：(1)評定項目不僅呼應教學目標與評量目的，且具教育意義；(2)確認評量的學習結果呼應評量目的，以評定重要的學習結果；(3)評定項目應可直接觀察，無法充分觀察者應予略去；(4)定義量表項目、觀點應具體明確、力求精簡；(5)選擇最適合的評量內涵與目標，並適切抉擇整體或解析的評量程序；(6)評定等級最好為3至7個，且宜讓評定者適切註解以補充說明量化評定的不足；(7)結果評量一次只評閱一項實作項目；(8)評量時最好不知學生姓名，以避免月暈效應；(9)若實作評量為長期結果，應整合數個觀察者的結果。

(二) 檢核表

　　「檢核表」係依據教學或評量目標先將學生應有、可觀察的具體特質、行為或技能，依照先後發生順序或其他邏輯規則逐一詳細分項，並以簡短、明確的行為或技能描述語句，來條列出行為或技能標準，後請檢核者（包括教師、家長或學生）就學生的實際狀況依序勾選，以逐一評定學生行為或技能是否符合標準。檢核表不僅具診斷性，亦可重複再使用，以評估學生的進步情形。它提供學生行為的詳細紀錄，讓學生充分瞭解自己的行為或技能現況，並診斷有待改善之處。同一份檢核表可用於不同學生，或相同學生在一段時間過後再使用。若運用同一份檢核表每隔一段時間重複評量，可評估學生隨時間的進步訊息。教師可依據綜合活動學習領域能力指標或教學單元目標、實際需要，設計行為檢核表，來檢核學生在綜合活動學習領域應展現出實踐、體驗的各項行為成果。

　　檢核表兩項主要缺失為：(1)教師面對各個行為標準只有兩種選擇，有或無、對或錯、通過或不通過，而沒有提供中間範圍；(2)教師難以客觀檢核與呈現結果。為減少檢核過程較主觀的缺失，檢核表記錄各項特質與動作時宜注意下列七點：(1)明確辨認、敘述擬評定行為的每一項具體動作；(2)明確界定的共同錯誤動作，宜加列在圖表上；(3)依出現順序或相近行為排列擬評定的正確動作或可能錯誤動作；(4)設計簡易的紀錄，利於記錄動作發生之順序與檢核各項動作；(5)檢核者宜兼顧教師、家長、學生，引導家長與學生共同參與評量，不僅可激發家長責任感，更可促使學生自我尊重與自我負責；(6)宜有詳細「使用說明」方能適切檢核，空有檢核表而無使用說明，檢核者可能誤用或濫用；(7)若有必要，宜辦理「使用研習」，協助教師適切善用檢核表（李坤崇，1999，2006）。

(三) 評量表與檢核表實例

　　表 2-2 之「人際關係」評量表、表 2-3 之「防災演練」檢核表為實作評量之實例。「人際關係」評量表旨在達成 2008 年《綜合活動學習領域課程綱要》「3-3-1 以合宜的態度與人相處，並能有效的處理人際互動的問題」。「防災演練」檢核表旨在達成 2008 年《綜合活動學習領域課程綱要》「4-3-1 探討周遭環境或人為的潛藏危機，運用各項資源或策略化解危險」。

表 2-2

「人際關係」評量表

「人際關係」評量表

　　年　　班　座號：　　　姓名：＿＿＿＿＿＿＿＿　　得分：

小朋友：

　　請你確實記錄「未來一週」在學校上課 5 天的狀況，下面十個項目做到的情形（標準看下面說明）。在「學生自評」下面的位置打勾，自評後請小組長複評，最後請教師總評。

評量項目 右邊做到情形的標準如下： 總是做到（6分）：每天都做到。 經常做到（4分）：有3、4天做到。 偶爾做到（2分）：有1、2天做到。 從未做到（0分）：都沒做到。	學生自評				小組長複評				教師總評			
	總是做到	經常做到	偶爾做到	從未做到	總是做到	經常做到	偶爾做到	從未做到	總是做到	經常做到	偶爾做到	從未做到
1.盛飯時，看到自己喜愛的菜，也會考慮到尚未盛飯的同學而適量取用。	□	□	□	□	□	□	□	□	□	□	□	□
2.領取物品、繳交作業時我不會爭先恐後，我會排隊等待。	□	□	□	□	□	□	□	□	□	□	□	□
3.不小心弄壞他人物品時，我會主動誠心道歉。	□	□	□	□	□	□	□	□	□	□	□	□
4.我會注意他人的隱私，不隨便偷看他人抽屜或物品。	□	□	□	□	□	□	□	□	□	□	□	□
5.我會保持自身及周遭環境的清潔。	□	□	□	□	□	□	□	□	□	□	□	□
6.我不會隨意捉弄他人。	□	□	□	□	□	□	□	□	□	□	□	□
7.當同學心情不佳時，我會安慰他。	□	□	□	□	□	□	□	□	□	□	□	□
8.我不會隨便談論他人的隱私。	□	□	□	□	□	□	□	□	□	□	□	□
9.我樂意與同學分享想法或心得。	□	□	□	□	□	□	□	□	□	□	□	□
10.當同學功課有疑問時，我會幫助他。	□	□	□	□	□	□	□	□	□	□	□	□

小組長的話

老師的話

（續下頁）

「人際關係」評量表之使用與評量說明

設計者：李坤崇

參酌宜蘭縣黃麗卿、鄭仁偉、鍾芳庭等教師之「人際問題卡」學習評量表

一、達成能力指標

達成 2008 年《綜合活動學習領域課程綱要》能力指標「3-3-1 以合宜的態度與人相處，並能有效的處理人際互動的問題」。

二、學習目標

1. 能夠根據與他人的相處經驗，覺察與接納自己與他人的差異。
2. 能夠瞭解與接納他人的行為、習性、想法與觀點。
3. 能自我檢核人際關係。

三、使用與評量方法

1. 本評量於單元教學後實施，採個別施測方式，可作為診斷學生人際關係習慣之依據，或進行補救教學或個別指導之參考。
2. 評量分成 10 個評量項目。
3. 每位學生先由自己依據評量單初評，再請小組長複評，後送請教師總評。
4. 由學生攜回讓小組長複評後寫下「小組長的話」，教師總評後寫下「老師的話」，教師登記總評後，最後再由教師送交學生。

四、評量標準

請學生、小組長、教師在學生做到情形的項目下打勾。評量標準如下：

1. 總是做到：每天都做到。
2. 經常做到：有 3、4 天做到。
3. 偶爾做到：有 1、2 天做到。
4. 從未做到：都沒做到。

五、評等或計分方式

1. 本評量單計十項，評分以教師總評為準，但教師總評時必須參酌學生自評、小組長複評，若差異甚大時，必須與學生、小組長討論，或由教師再持續觀察一週。
2. 每個項目「總是做到」得 6 分，「經常做到」得 4 分，「偶爾做到」得 2 分，「從未做到」得 0 分，基本分 40 分。將各項得分累加，再加基本分為總得分。
3. 教師「核算總分」外，若需評定等級。參酌教育部（2007）《國民小學及國民中學學生成績評量準則》第 7 條規定，若總分高於 90 分以上者評為「優等」，80 以上未滿 90 分者評為「甲等」，70 以上未滿 80 分者評為「乙等」，60 以上未滿 70 分者評為「丙等」，未滿 60 分者則評為「丁等」。

六、補救教學

對分數未滿 70 分者，應會同小組長，共同督促改善其人際關係學習狀況。

七、注意事項

1. 教師宜提醒學生未來一週詳細記錄自己的人際互動情形。
2. 實施本評量單時，宜用家庭聯絡簿告知小組長配合事項，並請小組長確實評量。

表 2-3

「防災演練」檢核表

「防災演練」檢核表	
班級： 組別： 姓名： 座號：	
請你誠實記錄防災演練的每一項行為，展現你的防災行為與知識。	
檢核	檢核項目內容
一、防震演練	
◎地震發生時，做到的打「○」，未做到的打「？」	
	我會用書包保護頭部躲在堅固的桌子旁。
	保持鎮定迅速關閉教室電源。
	背對窗戶，以避免玻璃碎裂遭割傷。
	請勿使用電梯下樓。
	地震變小或停止時，依照老師的指揮有秩序的走到教室外空地。
	我會遠離海邊，避免遭到海嘯的侵襲。
二、防火演練	
◎火災發生時，做到的打「○」，未做到的打「？」	
	我會在濃煙中，戴透明塑膠袋並採低姿勢爬行逃生。
	我會循著避難方向指標由安全門逃生。
	我會依照正確程序使用滅火器。
	我會打 119 並正確描述失火地點。
	我會正確使用緩降梯。
	我不搭乘電梯逃生。
三、防颱演練	
◎颱風來臨時，做到的打「○」，未做到的打「？」	
	我會運用媒體、電話或網路，密切注意颱風動向。
	我不到海邊戲水。
	避免搭電梯以免受困。
◎颱風來臨前（做到的打「○」，未做到的打「？」）	
	我會準備手電筒、打火機、蠟燭、電池等照明用品。
	我會清理排水溝。
	我會在家門前堆置沙包。
	我會把放置屋外的物品拿到屋內或釘牢。
	我會準備適量的食物和飲水。
自己心得分享：	
教師回饋：	

（續下頁）

「防災演練」檢核表之使用與檢核說明

修補與指導者：李坤崇教授　　設計者：宜蘭縣陳綺娟、張玫蘭、張家驥等教師

一、達成能力指標

達成 2008 年《綜合活動學習領域課程綱要》「4-3-1 探討周遭環境或人為的潛藏危機，運用各項資源或策略化解危險」。

二、學習目標

1. 培養學生自我反省、自我負責的能力。
2. 能準備住家防災用品。
3. 熟練防災避難技巧。

三、使用與評量方法

1. 本檢核單、觀察檢核表用於檢核學生的防災行為。
2. 運用本檢核單應引導學生誠實記錄、自我反省、自我負責，若學生檢核初期未能做到，應允許學生有學習誠實面對自己的犯錯機會。
3. 本評量於單元教學後實施，採自我檢核方式，可做為診斷學生不良行為之依據或進行補救教學之參考。
4. 教師可依據自己的教學需要，調整觀察檢核單之程序或內容。

四、評量標準

學生若「做到」檢核項目的行為，在檢核單該項目方格內打「○」；然「未做到」，則打「？」。

評語、符號	目標階層	做到（○）	未做到（？）
1. 防震演練	技能 4.0 機械化	熟練各項防震技巧	不熟練各項防震技巧
2. 防火演練	技能 4.0 機械化	熟練各項防火技巧	不熟練各項防火技巧
3. 防颱演練	技能 4.0 機械化	熟練各項防颱技巧	不熟練各項防颱技巧

五、評等或計分方式

1. 本學習領域以「不呈現分數」為原則，教師可依教育目標、工作負擔、學生或家長需要，採取「評定等級」、「文字敘述」的方式。
2. 先將檢核單的項目數乘 3，再加基本 40 分，使總分為 100 分；再將得分轉化等級。
3. 評定等級宜參酌教育部（2007）《國民小學及國民中學學生成績評量準則》第 7 條規定，若總分高於 90 分以上者評為「優等」，80 以上未滿 90 分者評為「甲等」，70 以上未滿 80 分者評為「乙等」，60 以上未滿 70 分者評為「丙等」，未滿 60 分者則評為「丁等」。
4. 教師評定等級後，宜視需要於「心得分享」輔以文字深入說明，並予學生適切增強。
5. 因檢核重點在改善行為，此檢核單仍以不呈現分數為原則。

六、補救教學

對行為表現欠佳或未達教師所定水準者，應針對其缺失與家長討論後共同擬定改善策略。

二、檔案評量

在傳統紙筆測驗難以評量學生適應未來能力、其他評量方式難以讓學生充分自我表現，及強調學生自主學習的思潮下，「檔案評量」漸受重視。用於「學生」的檔案評量，可用於九年一貫課程七大學習領域，亦可用於特殊教育。用於「教師」的檔案評量，則可用於我國未來即將實施的教學評鑑、教師分級制度；美國已廣泛用於職前教師課業、畢業資格、求職證照核發、新進與實習教師的專業成長與教師評鑑、經驗教師的評鑑、教師證照的再核發、教師績效獎金的核發等。可見，檔案評量將是 21 世紀的寵兒。

「檔案評量」旨在突破以班級為單位，改以學生個人為單位，請每個學生均設計與製作個人學習檔案，就特定主題連續蒐集資料，經綜合統整呈現，以系統的展現學生個人學習的歷程與成果。為達成教學與評量的結合，教師宜與學生充分討論以決定單元目標與檔案內容，且學生必須參與整個評量過程，方能建構出創造、有意義的學習，評量時除教師評量外，尚可請學生自評、家長評量、同儕互評（李坤崇，1999，2006）。

檔案評量具有目標化、歷程化、組織化、多元化、個別化、內省化、整合化等特質，與綜合活動學習領域系統化、組織化的學習歷程頗為吻合，且教師若善加輔以檢核表或評量表，可發揮下列優點：(1)兼顧歷程與結果的評量；(2)獲得更真實的評量學習結果；(3)呈現多元資料激發創意；(4)動態歷程激發學習興趣；(5)兼顧認知、技能與情意的整體學習評量；(6)培養主動積極的學習精神；(7)培養自我負責的價值觀；(8)增進自我反省能力；(9)增進各類人員的溝通；(10)增進師生關係；(11)增強學生溝通表達與組織能力。

檔案必須與教學充分結合，方能達成教師設定的教學目標，因此，學生製作檔案時，教師可從下列幾項來提高檔案品質：(1)定期與學生討論檔案內容，提供立即回饋；(2)協助學生擬定檔案目標與設計重點；(3)定期檢核學生檔案資料蒐集情形；(4)定期與家長或有關人員就檔案內容溝通學生學習情形，研擬協助或增強策略；(5)提高家長或有關人員參與意願，激勵學生製作檔案動機。

檔案評量通常會增加教師工作負擔，建議教師適度納入優秀小組長或具教育理念且熱心的家長來協助初評，教師再實施複評。然對評量者應施以適切

之訓練，訓練應循下列步驟：(1)告知檔案製作目標與評量重點；(2)共同討論評量標準；(3)評量者對檔案範本進行評量；(4)與評量者討論評量結果的差異與原因；(5)再分別就不同範本練習計分，比較評量結果並討論改善；(6)重複練習直到評量者與教師評量結果幾乎一致。若教師能遴選夠多的小組長或家長參與評量，且評量目的在於「評鑑」學習結果時，建議每項檔案由兩人以上直接評量。

　　學習檔案的內容可依其評量和使用目的而有不同的蒐集重點和組織結構，Henderson（1995）將學習檔案分為下列五種類型：(1)展示檔案（showcase port-folio）：展示檔案呈現學生自己挑選的作品樣本，旨在慶祝或分享成就，展示檔案製作係請學生從其蒐集的作品中挑選出自己最滿意或最喜愛的作品，並附上作品的說明和省思組織而成，展示檔案可顯示學生的個人特性、自主權和成就；(2)紀錄檔案（documentation portfolio）：紀錄檔案係定期挑選學生在特定技能或學習領域的代表作品組成的檔案，通常由老師和學生一起選擇，旨在觀察學生在一段時間內持續的進步情形；(3)評鑑檔案（evaluation port-folio）：評鑑檔案係根據教學或評量目標設計檔案內容，要求學生根據規定內容選擇或製作而成，通常用於評定學習成果或大規模評鑑，如學校校務績效評鑑、課程與教學評鑑；(4)歷程檔案（process portfolio）：歷程檔案乃呈現一個活動單元或專題研究所有的材料，目的在描述學習歷程的努力、進步和成就，便於進行學習診斷；(5)綜合檔案（composite portfolio）：綜合檔案兼具上述檔案類型的特點，實際應用上較有彈性，然因其兼顧數項使用目的，實施上需花費較多的時間和精神；另外，教師須先充分掌握綜合檔案的使用目的，方能有目的、有系統地蒐集學生有意義且有代表性的作品和表現，來達成既定的評量目標。

　　檔案評量可適切評量學生應用、推理、分析、綜合、評鑑等高層次認知行為，讀、說、寫與其他實作技巧等技能，作文、各種報告、美術、音樂或其他藝術或科學作品等成果，以及學習態度、興趣、學習動機、努力情況、求知精神等情意，漸受教師的青睞與使用。然為求更適切運用，提出下列原則供參酌：(1)檔案評量必須與教學相結合；(2)檔案評量應與其他評量並行。檔案評量不應作為評量學習結果唯一的評量工具，尚必須輔以其他評量方式或

工具，如傳統紙筆測驗、口試或公開展示方式；(3)檔案評量應實施多次、階段的協助或省思，請學生持續一段時間主動蒐集、組織與省思學習成果的檔案，以評定其努力、進步、成長情形；(4)檔案評量應顧及可使用資源與學生家庭背景差異；(5)實施檔案評量應採漸進式、引導式模式，由觀摩檔案範例、再製作小規模檔案、後製作較大規模檔案；(6)檔案評量若用於評鑑應力求慎重。

　　表 2-4 之「宇宙傳奇」學習單係檔案評量之實例，以達成 2008 年《綜合活動學習領域課程綱要》「1-4-2 展現自己的興趣與專長，並探索自己可能的發展方向」為目標，重點在於讓學生整理出一份凸顯自己的能力、興趣、專長與優點的檔案資料，並在班上展示成果。

三、口語評量

　　Airasian（1996）認為「問問題」可發揮下列功能：(1)提高參與感；(2)加深思考過程；(3)增強同儕互動與學習；(4)提供立即增強；(5)利於掌握教學進度；(6)提供診斷資料，作為施予補救教學之參考。李坤崇（1999）強調適切「口試」可發揮下列優點：(1)評估學生概念的完整性；(2)較紙筆測驗更能評量學生的認知與情意；(3)適於評量較高層次的學習結果；(4)立即診斷學生的學習問題；(5)增進學生語言表達能力與組織能力；(6)改善學生的學習方法與態度；(7)較不受作弊影響。問問題或口試雖具有其優點，然亦具有下列缺失：(1)難以建立適切的評分標準，影響測驗的信度；(2)難以區分語言表達能力與真正學習結果，對語言表達能力較差學生不利；(3)評分者的主觀意識易造成評分結果的偏差；(4)口試時間耗時且需較多人員，不符經濟效益。

　　若教師擬評量教學過程的問題，給予學生立即回饋，增進學生口語表達能力，宜採問問題方式；若擬評量較複雜、較具綜合性的學習結果，以及評估學生的語言表達能力，宜運用口試進行教學評量。李坤崇（1999）提出教師實施口語評量應遵循下列原則：(1)口語表達需與教學目標相關；(2)避免廣泛、普遍、模糊的題目；(3)使用直接、簡單的問題；(4)允許學生充足時間回答；(5)候答態度應和藹，避免給學生壓力；(6)審慎衡量運用時機；(7)事前建立公正客觀的口試評量標準；(8)事先讓學生瞭解口試程序與評量標準；(9)同時請兩位以上受過訓練的優秀人員擔任口試主試。

表 2-4

「宇宙傳奇」學習單

<table>
<tr><td colspan="8" align="center"><h2>宇宙傳奇</h2></td></tr>
<tr><td colspan="8">姓名：　　班級：　　座號：　　日期：　　組別：</td></tr>
<tr><td colspan="8">各位同學：
　　每個人都有優點，但並不是每個人都能適切展現自己的優點，將自己的優點告訴人家。請各自利用未來「兩週」課餘時間，整理出一份凸顯自己的能力、興趣、專長與優點的檔案資料。並在班上展示成果。</td></tr>
</table>

一、「秀出自我」檔案至少應包括下列重點？
　　1. 個人基本資料。
　　2. 成長點滴或最想告訴班上同學的一件事。
　　3. 介紹自己的能力、興趣或專長。
　　4. 介紹自己的學習狀況。
　　5. 其他。

二、檔案製作注意事項：
　　1. 檔案資料可善用相機、錄音機、錄影機，或其他蒐集資料工具來蒐集。
　　2. 若想更瞭解自己的能力、興趣或專長，可訪問同學師長、自我省思或到輔導室實施心理測驗。
　　3. 檔案呈現方式不限於書面文字簡介，尚可用照片、錄影、網頁等方式。
　　4. 製作檔案應盡量節省，善用家裡或學校現有資源，朝省錢且能突顯特色的方式努力。
　　5. 檔案呈現應有條不紊，若有封面、目錄，並加以美化，將更佳。

三、檔案展示將配合班會時間展覽，請事先妥善準備。

分享：		簡介內涵		蒐集策略		富創意	用心製作
	評量	敘述正確	完整適切	媒材方法	蒐集過程		
教師簽名：	教師						

註：此學習單旨在達成「1-4-2 展現自己的興趣與專長，並探索自己可能的發展方向」。

　　表 2-5「美夢成真」學習單係口語評量之實例，旨在達成 2008 年《綜合活動學習領域課程綱要》「2-4-1 妥善計畫與執行個人生活中重要事務」。請學生用 5 分鐘來發表一下自己的抱負，以及如何讓美夢成真，教師依據「演講內涵與組織」、「演講技巧」來評量學生的口語表現。

表 2-5

「美夢成真」學習單

<table>
<tr><td colspan="2" style="text-align:center">美夢成真</td></tr>
<tr><td colspan="2">姓名： 班級： 座號： 日期： 組別：</td></tr>
<tr><td colspan="2">各位同學：
　　經過一系列的自我探索活動後，相信你一定更深入瞭解自己如何規劃未來，請你用 5 分鐘來發表一下自己的抱負，以及如何讓美夢成真。
準備演講該注意與評量事項：</td></tr>
<tr><td colspan="2">一、演講內涵與組織：</td></tr>
<tr><td>評量</td><td>此部分包含下列重點</td></tr>
<tr><td></td><td>1. 內容符合主題，且清晰簡要。</td></tr>
<tr><td></td><td>2. 組織分明，善用佳句或成語。</td></tr>
<tr><td></td><td>3. 內容生動、有趣、富創意。</td></tr>
<tr><td colspan="2">二、演講技巧：</td></tr>
<tr><td>評量</td><td>此部分包含下列重點</td></tr>
<tr><td></td><td>1. 以姿勢或肢體語言來強調重點。</td></tr>
<tr><td></td><td>2. 以聲量或速度變化、停頓來強調重點。</td></tr>
<tr><td></td><td>3. 發音、咬字清晰。</td></tr>
<tr><td></td><td>4. 儀態端莊大方，態度相當誠懇。</td></tr>
<tr><td></td><td>5. 眼神注視聽眾，展露自信笑容。</td></tr>
<tr><td></td><td>6. 精確掌握時間（每多或少 30 秒降一等級）。</td></tr>
<tr><td colspan="2">分享：

</td></tr>
<tr><td colspan="2">注意事項：
1. 演講時間 5 分鐘，4 分 30 秒按一聲鈴，5 分鐘按二聲鈴，5 分 30 秒鐘按三聲鈴，再來每隔 30 秒按一聲鈴。
2. 演講前如果先就重點逐一整理內容，再私下練習，效果可能會更好。一般人報告 5 分鐘約需整理 800 個字，你可試試看。
3. 演講前將此學習單交給老師評定等級或成績。</td></tr>
</table>

註：此學習單旨在達成「2-4-1 妥善計畫與執行個人生活中重要事務」。

四、遊戲化評量（系列實作評量）

　　綜合活動學習領域為求將知識轉化為能力、將學習與生活結合，通常採取較活潑生動的教學，若教學生動而評量卻仍採傳統呆板方式，將更易讓學生視評量為畏途。突破僵化呆板傳統評量模式的遊戲化評量（系列實作評量），正符合追求人性化、生動化、適切化的綜合活動學習領域教學趨勢。

　　遊戲化評量（系列實作評量）不僅能激發學生參與興趣，更能讓學生在遊戲中評量、在遊戲中成長。較常見的遊戲化評量方式乃過關評量、分站評量、踩地雷、猜猜看、填空高手。對語文程度較低、語言表達能力較弱的學生，難以從紙筆測驗、專題報告或檔案評量來評量時，遊戲化評量相當適用。遊戲化評量讓學生參與遊戲，身歷其境通常對學生極具吸引力，從小學到研究所的學生均喜歡以遊戲取代呆板的紙筆測驗或其他評量方式（李坤崇，1999，2006）。

　　為發揮遊戲化評量（系列實作評量）的功能，減少可能缺失，李坤崇（1999）建議教師實施遊戲化評量時，注意下列原則：(1)遊戲不可與教學目標脫節，不宜流於純粹遊戲；(2)以安全為最重要原則，設計遊戲應多徵詢其他教師、主任、校長對活動安全性的意見與評估；(3)擬定嚴謹實施計畫，執行確實與預留人力，用心檢討做成紀錄，彙整成一份遊戲化評量資料檔；(4)依年齡不同選用適合的活動，設身處地的站在遊戲化評量對象的角度，來設計屬於該年齡層的活動，而非設計教師喜歡的活動；(5)說明以室內或書面資料為主，輔以戶外或口頭說明，避免學生因嘈雜漏聽遊戲規則，更可留下資料作為往後參考；(6)活動單設計力求美觀大方，提高學生參與興趣；(7)協助活動或評量者的行前講習，以提高活動安全性與結果正確性；(8)教師或協助者宜事前模擬遊戲，務求減少意外事件；(9)循序漸進、累積經驗、自我增強，避免過高自我期待衍生挫折。

　　本於教學創新與活化教學理念，綜合活動學習領域必須採取較活潑生動的教學，方能將知識轉化為能力，將學習與生活結合。而隨著教學生動化、活潑化，評量亦必須納入遊戲化評量（系列實作評量），讓學生在遊戲中學習，在學習中評量。

　　純遊戲化評量在綜合活動學習領域國中階段較少見，然若從趣味性、活潑性來評析，則表 2-6 之「秀出自我」評量單可視為遊戲化評量之實例。「秀出自我」評量單以達成 2008 年《綜合活動學習領域課程綱要》「1-4-2 展現自己的興趣與專長，並探索自己可能的發展方向」為目標，教師要求學生以海報設計、表演活動來凸顯自己的「能力、興趣、專長或長處」，學習歷程相當活潑生動、饒富趣味。

表 2-6

「秀出自我」評量單

<table>
<tr><td colspan="6" align="center">**秀出自我**</td></tr>
<tr><td colspan="6">姓名：　　　　班級：　　　　座號：　　　　日期：　　　　組別：</td></tr>
<tr><td colspan="6">各位同學：

　　請大家以演講、表演、演奏、戲劇或其他動態表現方式，來凸顯自己的「能力、興趣、專長或長處」。
　　「秀出自我」時，將在教室或學校的適當場所公開廣告。我們將邀請本校師長、其他班上同學、家長一起來給大家鼓勵。

　　表演時，將由家長代表、老師來評量，「評量的項目」為下列四項：
1. 表演內容能凸顯自己的能力、興趣、專長或優點。
2. 表演生動活潑、能吸引觀眾。
3. 表演方式相當具創意。
4. 整個表演過程相當用心。</td></tr>
<tr><td rowspan="2">分享：</td><td>評量</td><td>突顯
自我</td><td>生動
活潑</td><td>創意</td><td>用心</td></tr>
<tr><td>家長代表</td><td></td><td></td><td></td><td></td></tr>
<tr><td colspan="2">家長代表簽名：　　　　教師簽名：</td><td>教師</td><td></td><td></td><td></td><td></td></tr>
</table>

註：此學習單旨在達成「1-4-2 展現自己的興趣與專長，並探索自己可能的發展方向」。

五、高層次認知紙筆測驗

　　多元化評量並非廢除紙筆測驗，而是降低紙筆測驗在教學評量的比率，加重其他評量方式的比率，依據評量目標彈性運用各種評量方式來適切評量學

生學習成果。然而，現今國中國小教師因在師資養成階段，修習評量學分數遠低於修習課程或教學學分數，使得教師在紙筆測驗的專業素養仍有待加強。

(一) 紙筆測驗常見缺失

教師自編紙筆成就測驗宜包括下列步驟：(1)決定測驗目的；(2)設計雙向細目表；(3)決定試題類型與題數；(4)編擬測驗試題；(5)審查與修改測驗試題；(6)編輯測驗試題。然李坤崇（1999，2006）觀察國中國小教師「命題技術」，約可發現下列四項缺失：(1)命題未編製細目表：有些教師以剪刀、膠水與影印紙進行剪貼式的命題，未顧及教學目標與教材內涵；(2)題目形式不當：教師最常出現是非題、選擇題、填充題或申論題，甚少嘗試其他題目形式，且不少錯誤世代相傳，未能適時更正或更新；(3)忽略命題原則：教師最常犯的命題問題為題幹中斷、題幹敘述不夠精簡、是非題是非不明、填充題空格甚多、配合題同質性欠佳，以及指導語與作答方法未明確說明；(4)忽略教科書重要內容：有些教師出題忽略教科書重要概念，而考些枝節問題，如馬關條約賠償「多少元」，溥儀退位於「幾年幾月幾日」，出師表出現「幾次」先帝，朱自清的背影出現「幾次」背影。欲導引教師實施多元評量前，對傳統的紙筆測驗似仍有必要補強（李坤崇，1998a）。此外，極少數教師命題以「考倒學生為榮」心態，如一所學校數理資優班學生的數學月考平均分數 18 分，顯示此類教師心態有待導正。為落實專業化與人性化教學評量理念，國中國小教師實施紙筆測驗應避免上述缺失。

(二) 編排試題常見缺失

國中國小教師「編排紙筆測驗試題」常見下列四項缺失：(1)各試題類型往往缺作答方法：國內最常見者為是非題未說明全對打「✓」、有錯打「✗」，因甚多教師認為學生都知道所以不必寫，但若有學生剛回國，一定難以作答，且如此作法日積月累的結果造成學生不看作答方法的習慣，實應予改善；(2)各試題類型普遍缺乏完整的指導語：除上述未說明作答方法外，有些教師未將配分、單選或複選、作答位置明確說明，使得學生未能適切擬定答題策略；(3)編排過擠：有些學校為節省印刷經費，將兩頁的試卷擠成一頁，造成字體過小，讓學生閱讀試卷頗為吃力；(4)試題編排違反原則者不少：最常見的缺失乃同一個題目跨頁、選擇題選項未置於題幹的下一行、版面安排不易於評

分與計算成績。可見，教師編排測驗試題時，經常以教師或學校利益為著眼點，而忽略學生是否清楚瞭解作答方法、是否瞭解配分狀況、是否能清晰閱讀，此未以學生為中心的編排有待改善（李坤崇，1999，2006）。

(三) 論文題最常犯的命題缺失

論文題最常犯的命題缺失乃「測量簡單、低層次學習結果」，論文題應測量客觀式試題難以測量的「複雜、高層次學習結果」。國內教師的教學與行政負擔頗為沉重，若教師時常採用計分費時費力的論文題，將會增加閱卷負擔。若其他條件相等時，教師應優先使用客觀式試題，因論文題雖然能測量較複雜、較高層次的學習結果，但論文題仍有其缺失，使得運用深受限制。如下列不佳試題 1 乃犯「測量簡單、低層次學習結果」缺失，宜更正為較佳試題 1，以測量較高層次的學習結果（李坤崇，1999，2006）。

不佳試題 1：（認識臺灣歷史篇　國一上）
請說明臺灣高山族分成哪幾族？
說明：此題僅測量對高山族九族名稱的記憶能力，改為選擇題、是非題或填
　　　充題即可，不必命為論文題。若為論文題，可修改如下：

較佳試題 1：
請從遷移地點、族群、社會組織等三方面來比較「高山族」、「平埔族」的差異？（答案以一頁為原則，配分為 12 分，評分標準是正確比較一個方面得 4分，錯一個字扣半分。）

(四) 綜合活動學習領域採用紙筆測驗之省思

有些學者認為綜合活動學習領域不宜實施紙筆測驗，但本領域仍有部分內涵屬認知範疇，刻意排除紙筆測驗，易流於為排斥而排斥的迷思。評量本學習領域宜審慎運用紙筆測驗，應揚棄低層次認知之記憶、理解評量，然亦不應排斥高層次認知之評量。

六、軼事紀錄

軼事紀錄乃教師觀察學生日常生活表現，詳細寫下重要而有意義的偶發個

人事件和行為的紀錄。軼事紀錄通常做為評量佐證資料，而非評量的唯一依據，因學生日常生活的點點滴滴難以在教師設計的評量表、檢核表、檔案資料或紙筆測驗中完全呈現，若能以教師在班級情境的直接觀察作為佐證資料，當能提高評量結果的效度（李坤崇，1999，2006）。

軼事紀錄若能針對易流於主觀的缺點予以改善，仍能提供有效的佐證資料以提高評量的效度。綜合李坤崇（1999）、陳英豪與吳裕益（1991）、Linn 與 Gronlund（1995）、Linn 與 Miller（2005）提出的改善原則，闡述於下：(1)事先決定依據的教學目標與評量目的，觀察行為並對異常行為提高警覺；(2)分析與避免觀察紀錄的可能偏見，如先入為主刻板印象、月暈效應、個人偏見，或邏輯謬誤；(3)詳細記錄有意義行為的具體情境資料；(4)盡可能事件發生後立即記錄，先做簡短扼要的摘記，待有空、下課空檔或放學後再做詳細紀錄；(5)記錄事件應力求簡單明確，解釋事件不宜過度解釋推論，或加入情緒字眼；(6)事件描述與解釋必須分開記錄，方不致混淆不清；(7)正面、負面行為事件均應記錄；(8)推論學生典型行為前應蒐集足夠的軼事紀錄，避免解釋單一偶發行為；(9)記錄前應有充分練習的機會，且宜在有經驗教師或專家的指導下練習。

表 2-7「我的夢」軼事紀錄，係針對某國中學生威威於參與「憧憬未來」活動時，【我的夢】學習單的分組分享所進行的紀錄。經由教師對威威所觀察到的重要事件加以描述記錄，而能夠得到有關威威成長與學習的重要訊息。

表 2-7

「我的夢」軼事紀錄

○○國民中學 學生軼事紀錄表			
班級	○年○班	姓名	威威
日期	○○○○年○○月○○日	地點	教室
情境描述	進行「憧憬未來」活動時，【我的夢】學習單的分組分享		

事件：

　　上課時老師發下【你在看我嗎？】學習單，請各組想想組內所有學生的優點或長處及其具體事實，老師請學生依序以一人為核心，大家輪流說出其優點、長處及其具體事實。當所有學生在進行活動的時候，威威獨自一人未參與全組活動，非常的畏縮，此時老師向他詢問不參與活動的原因，只見威威低著頭不願意多說什麼。

　　於是老師將威威帶到教室外再次詢問威威原因，威威小聲的說著：「我想班上同學一定不會喜歡我，所以我不喜歡和他們講。」老師說：「為什麼你會這樣想呢？」威威說：「他們都只會講一些罵人的話而已，有時候他們（有一些同學）都會罵我『白痴笨蛋』。」老師說：「你覺得自己真是這樣嗎？」威威說：「他們不喜歡我所以才會罵我，我覺得自己還不錯呀！像我看漫畫的速度就很快。」老師引導威威去看自己的優點，威威此時話突然增多了，滔滔不絕的講，於是老師又引導威威去看待同學的批評。老師說：「全班同學都罵你嗎？」威威思考了一下說：「也不是啦，只有一些同學啦。」老師說：「就是說呀！那麼，那些同學在你們那一組嗎？」威威說：「只有一位。」老師說：「那你要不要聽聽其他人對你的看法。」威威說：「嗯！應該可以吧！」

　　威威回到自己的組，老師帶領全組學生對威威作優點轟炸，威威感到非常的不可思議，威威說：「我不知道原來我在你們心目中也有優點，我以為你們會排斥我。」老師說：「每一個人都有自己的優缺點，只是有時自己會不自知，所以才會有這樣一個活動，讓大家彼此互相回饋。」只見威威高興的與組員相互回饋。

解釋：

　　威威平時和同學的互動不多，下課時間都跑到圖書館借漫畫書看，上課中，好幾次的活動參與度都不高，常常都只是在一旁聽而已，少有發表自己意見的機會，偶爾下課時的互動也只是摩擦的壞印象，所以威威的刻板印象認為同學只會排斥他，因此越不願意和同學互動，惡性循環的結果，威威和同學的互動越來越少。經由這次的活動，威威終於發現自己的成見，也逐漸能表達自己的看法與感受。

分享：

　　　　　　　　　　　　　　　　　　　　　　　　　　　　觀察者：○○○

註：此表由嘉義縣吳美枝、邱招蓮、廖梅真、莊彩雲等教師提供。

參、綜合活動學習領域評量標準

評量標準較常見者為常模參照、標準參照、自我參照。常模參照係以全體學生為比較對象，目的在比較學生間各項能力或學習成果的差異。標準參照係以教師於教學前所擬定的精熟標準或目標為比較標準，目的在瞭解學生是否達到精熟標準或預期目標。自我參照係以學生自己的能力、努力或以往學習成果為比較標準，目的在瞭解學生的進步或成長狀況。教師實施綜合活動學習領域採取之評量標準，可兼含常模參照、標準參照、自我參照，視綜合活動學習領域目標、評量內涵與學生學習狀況，選取適切之評量標準。國內以往較常運用常模參照，往後可多用標準參照與自我參照，尤其是對學習狀況欠佳的學生，宜善用自我參照，激勵學生「努力」學習，積極鼓勵學生由漸進式進步歷程，逐步恢復信心，強化正向自我概念。

肆、綜合活動學習領域評量人員

綜合活動學習領域以學生為學習主體，同儕激發學習動力，教師引導學生學習，家長參與子女學習的機會隨之增加，評量時亦宜兼顧上述人員。因學生的家庭行為評量有賴家長的支援，同學的互動行為可經同儕評量，同學的自省可善用自我評量，因此，評量應兼採教師評量、家長評量、學生自評、同儕互評或小組長評量。李坤崇（1998a，1999）強調參與教學評量人員除多元化外，更需互動化，只有經由教師、家長、學生、同儕之充分溝通與討論，才能更清楚瞭解學生學習綜合活動學習領域的歷程與結果，挖掘學生學習問題與及時施予補救教學。尤其是實施九年一貫課程若無家長、同儕或小組長參與，遊戲化評量、檔案評量或其他多元評量將因教師負擔沉重而難以實施（李坤崇，2001a）。

綜合活動學習領域為引導學生自主學習，教師宜系統且長期善用「自我評量」，讓學生「自動自發」反省自己的學習活動過程或事物，再繼續思考未來必須努力的活動或方向，由學生本身來做自我評量，不僅能激發學生自我解

決問題能力，更能實現因自我評量而自我成長（高浦勝義，1998）。日本千葉市打瀨小學（1998）、愛知縣緒川小學（1999）的學習通知單均納入學生自我評量，不僅引導學生自我省思學習結果，更強調學生以具體事例來闡述自己的優點。李坤崇（1999）分析愛知縣緒川小學平成 9、10 年的學習通知單，發現：平成 10 年的通知單較平成 9 年加入「橫斷學習狀況」、「自己的評價」，可見，學生自我評量漸受重視與採用。

伍、評量時機

教學評量於教學前實施安置性評量，教學歷程實施形成性評量或診斷性評量，教學後實施總結性評量。綜合活動學習領域之評量不僅著重學習、活動過程的形成性評量，重視剖析學習問題的診斷性評量，亦應注重學習狀況與成果的總結性評量。就綜合活動學習領域的實施歷程，通常以形成性評量為主，總結性、診斷性評量為輔，教師通常會善用教學歷程的評量，採取邊實施綜合活動學習領域邊評量的模式，尤其是實際生活與應用能力的檢核、學習方法與學習態度的評量。李坤崇（2001a）主張因應邊教邊評量模式，宜揚棄將學習單與評量單分開之概念，教師設計學習單應納入評量構想，將評量隱含於學習單之中，方能發揮教學與評量統合化的效果。

陸、評量結果呈現與解釋

高浦勝義（1998）認為「綜合學習評量」不宜以各科考試成績所得的數據做評量，必須針對學生在學習或活動過程、報告書或作品、發表或討論中所看得到的學習狀況或成果，表現良好部分增強，並對學習的意願或態度、進步的情形等適當的評量；且強調在學生學習結果通知單中，不做價值等級判斷，僅記錄所看到的實際狀況。因此，呈現綜合活動學習領域的評量結果，應以質化描述為主，必要的量化為輔，但應避免以紙筆考試對綜合活動學習領域學習結果進行量化描述；呈現綜合活動學習領域四項評量內涵的學習結果，宜對思考批判、技能表現、意願態度、知識理解之內涵進行「質的描

述」，對知識理解內涵進行適切的量化描述。然因現今國內家長「分數至上」觀念難以立即消除，或許採漸進、選擇模式較易實施。漸進係由質、量兼顧到質的描述歷程，選擇係提供等級、分數供教師參酌選擇納入質化描述。

一、由質量兼顧到質化為主的呈現

高浦勝義（1998）強調「不採用以考試成績來做綜合學習的量化描述」，以此觀念引伸到綜合活動學習領域，綜合活動學習領域評量不宜舉行紙筆式的考試，更不應以此考試對學習結果予以量化。然若於學習過程採取設計嚴謹的評量表與檢核表、遊戲化評量、口語評量、檔案評量或其他異於紙筆式考試的多元評量方式，所獲得的量化結果，則可作為描述綜合活動學習領域學習成果的數據。

國內家長斤斤計較分數，分數至上觀念欲立即導正或有困難，若能於實施綜合活動學習領域初期，兼採量化、質化描述呈現結果，逐年實施逐漸降低量化描述之次數與比例，逐年增加質化描述之內涵與比例，或為循序漸進之作法。然量化描述必須經嚴謹的規劃設計，遵循多元評量的編製原則，方能提供具客觀的量化數據。

高浦勝義（1998）設計教學觀察者評量「綜合學習」學習成果的評量單，特別強調「師生互動狀況」、「學生發言、作品等質的評量（記述）」及「事後建議」，詳見表 2-8。

二、鼓勵學生長處與提出改善建議

高浦勝義（1998）認為日本教育改革廢除各學科量化描述，採取積極在學習通知單「事實及所見」欄或「行動紀錄」欄中，敘述學生優點與努力改善建議的作法。日本千葉市打瀨小學（1998）平成9年的學習通知單中均特闢一頁「家長、學生、教師的話」，請學生先訂「自己的目標」，再寫出「努力過的事」，此部分引導學生自訂目標，並激勵學生努力歷程，而非結果的觀念，頗能鼓勵學生努力；家長的話係請家長寫些子女的優良具體表現，給予子女增強；教師的話雖為綜合評語，但仍要求教師多予學生鼓勵與增強。因此，綜合活動學習領域應積極針對學生優點予以增強、鼓勵，對學生缺點以提出

表 2-8

綜合學習「教學觀察者」評量單

教學觀察者用評量單（樣本）　No.＿＿＿					
（＿＿月＿＿日＿＿時　＿＿年＿＿班＿＿組　觀察學生＿＿＿＿＿＿）					
教師與學生互動的狀況			觀察學生的發言、作品等質的評量（記述）		
教師的教學活動	時間	觀察學生的活動	關心、意願、態度	思考、表現	注意
事後的建議：					

資料來源：高浦勝義（1998）。**綜合性學習的理論、實踐與評量**（頁255）。東京，日本：黎明書房。

具體努力改善的建議來取代批評指責或謾罵。

　　以往教師通常訂定統一「客觀」標準解釋學生評量結果，此種客觀建基於「齊頭式平等」，並非真正客觀。唯有在解釋時納入少數族群或弱勢團體的基本限制，考量其起點行為與努力歷程，方能真正落實「立足點平等」的客觀解釋，此「立足點平等」乃對人性關懷、肯定人類能力個別差異的事實（李坤崇，1999，2006）。有些教師解釋評量結果時，偏向悲觀化、負向化、責備化，使得學生遭受甚多挫折，因此，綜合活動學習領域評量之結果解釋宜人性化與增強化。

三、著重呈現意願態度、技能表現、努力與進步狀況

呈現綜合活動學習領域評量結果不應侷限於知識理解的認知結果，應兼顧技能表現、意願態度、思考批判的結果。以往評量結果著重低層次認知的知識理解，忽略高層次的思考批判，易引導學生、家長忽視高層次的認知學習。綜合活動學習領域欲發揮增強學生自主學習與活用知識能力、善用合作學習增進互助合作、強化師生參與互動的功能，不僅宜強調技能表現與意願態度的學習，亦應將此兩項學習成果呈現於評量結果。高浦勝義（1998）設計教師評量「綜合學習」學習成果的評量單中，評量學生的「關心、意願、態度」、「思考、表現」、「注意」三項內涵，並評量其他內涵，詳見表 2-9。

多數教師呈現評量結果時，僅呈現團體相對位置的常模參照分數或呈現及格與否的標準參照分數，而忽略自我比較的努力分數；僅呈現學業成績，未提供人格成長，亦未適時提供學習進步或惡化狀況，致學生頻遭挫折或喪失立即補救時機，因此，綜合活動學習領域呈現評量結果宜多元化、全人化。

四、將綜合活動學習領域評量結果納入學習通知單

綜合活動學習領域逐漸成為學生每學期的學習重點，未來學校發予家長之學習通知單中，應將綜合活動學習領域學習結果納入。日本愛知縣緒川小學（1998，1999）的平成 9 年、平成 10 年學習通知單，均將綜合學習主題納入通知單中，尤其是平成 10 年通知單第 3 頁為記錄學生「橫斷的學習狀況」，第 4 頁為記錄綜合學習主題的學習狀況、創造活動狀況，此種開闊兩頁敘述綜合學習主題學習結果的作法，可供推展綜合活動學習領域借鏡。

⁛⁛ 第三節　學期評量的實施計畫 ⁛⁛

國中小實施多元評量經常是片斷或單一的評量規劃；相對的進行整個學期多元評量規劃，並行之文字者，非常少見。

　　經帶領臺南市綜合活動學習領域輔導團研討與實作，並以臺南市後甲國中為對象，研擬出「臺南市後甲國中 91 學年度第 1 學期一年級『綜合活動』學習領域多元評量實施計畫」，茲將此計畫呈現於下頁。

表 2-9

綜合學習「教師」評量單

教學者用評量單（樣本）　No.＿＿＿＿＿＿＿＿				
_____月_____日_____時				
評價　　　　　　　　　　兒童姓名	行　動　觀　察			其他（作品、卡片等）的評量結果
	關心、意願、態度	思考、表現	注意	
1				
2				
3				
4				
5				
〜〜〜	〜〜〜	〜〜〜	〜〜〜	〜〜〜
36				
37				
38				
39				
40				
事後的教學自評 1. 如同教案所寫的順利進行的地方。情形： 2. 沒有和教案一樣來進行教學，煩惱的地方。情形：				

資料來源：高浦勝義（1998）。**綜合性學習的理論、實踐與評量**（頁255）。東京，日本：黎明書房。

臺南市後甲國中 91 學年度第 1 學期
一年級「綜合活動」學習領域多元評量實施計畫

壹、目標

1. 運用多元化評量方式，引導學生正確學習方向。
2. 兼顧認知、技能、情意的評量內涵，激勵學生多元成長。
3. 力求將知識活化為能力，並能在生活中實踐。
4. 促進教師專業對話，增進教師評量專業成長。

貳、評量範圍

1. 使用教科書版本：「康軒出版社」。
2. 參考教科書版本：各出版社。
3. 康軒出版社「綜合活動」學習領域第一冊所有單元。

參、評量方式、計分

一、各單元學習單評量一覽表

單元名稱	活動次序	評量方式	備註（所有學習單附件均予省略）
新兵報到	1. 新兵時鐘 2. 新兵任務 3. 新兵晚課	實作評量 觀察評量	學習單：時間規劃
有你真好	1. 朋友相見歡 2. 鮮師放大鏡 3. 焦點人物	訪問評量 觀察評量	學習單：教師專訪
校內校外 任我行	1. 你要去哪裡 2. 發現之旅 3. 請跟我來	認知評量 觀察評量	學習單：我知道要去哪裡
競技擂臺	1. 班級凹凸相 2. 大家動動腦 3. 好戲開鑼 4. 迴響與掌聲	實作評量 觀察評量	學習單：我們的小隊歌
有效學習	1. 天賦的禮物 2. 摺紙的體驗 3. 誰是資源高手 4. 資源分享站	實作評量 觀察評量	學習單：資源分享站
創意工作坊	1. 變身大行動 2. DIY 俱樂部 3. 分享時刻	實作評量 觀察評量	學習單：DIY 評量單
校園安全 總動員	1. 小心點兒 2. 安全百分百	實作評量 觀察評量	學習單：校園安全總動員

（續下頁）

單元名稱	活動次序	評量方式	備註（所有學習單附件均予省略）
小鬼當家	1. 大人不在家 2. 愛的任務	實作評量 觀察評量	學習單：小鬼當家
少年事件簿	1. 班級頭條 2. 我們這一班	實作評量 觀察評量	學習單：少年事件簿

二、主題總結性評量一覽表

主題名稱	活動次序	評量方式	備註（所有學習單附件均予省略）
第一主題 新鮮人話題	1. 新兵報到 2. 有你真好 3. 校內校外任我行	實作評量	學習單： YOUNG YOUNG 的憶
第二主題 學習新主張	1. 競技擂臺 2. 有效學習 3. 創意工作坊	實作評量	學習單： YOUNG YOUNG 的憶
第三主題 活力行動派	1. 校園安全總動員 2. 小鬼當家 3. 少年事件簿	實作評量	學習單： YOUNG YOUNG 的憶

※平時、段考成績比例由學校自訂

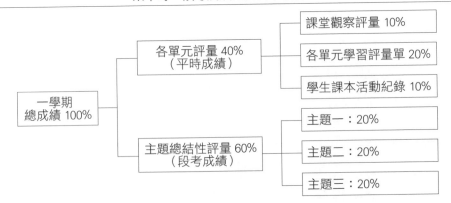

肆、各類評量方式、內容所占比例如下

　茲將評量方式、內涵、配分闡述於下：

一、課堂觀察評量（情意）

　1. 評量內涵：上課學習行為與態度內涵。

　2. 評量配分：占學期成績 10%。

　3. 評量標準：依據上課學習行為與態度評量表。

二、各單元學習單評量

　1. 評量內涵：進行各單元學習單評量。

（續下頁）

2. 評量配分：占學期成績 20%。

3. 評量標準：依各學習單之評量標準評定，詳見各評量說明。

　(1) 以符號「A、B、C、D、E」表示「很好、不錯、加油、改進、補做（交）」。

　(2) 各項符號與評語之評量標準如下：評量前必須告知學生符號所代表的意義。

符號	評語	代 表 意 思
A	很好	答案完全正確，或完全符合評量項目之要求，而且比一般同學有創意，或做得更好。
B	不錯	答案完全正確，或完全符合評量項目之要求。
C	加油	答案部分正確，或部分符合評量項目之要求。
D	改善	答案內容完全錯誤，完全不符合評量項目之要求。
E	補做（交）	未作答或未交。
努力的程度		
＋	進步	代表比以前用心或進步。「＋」號越多代表越用心、進步。
－	退步	代表比以前不用心或退步。「－」號越多代表越不用心、越退步。

　(3) 評等或計分方式：

　　a. 本學習領域以「不呈現分數」為原則，教師可依教學目標、工作負擔、學生或家長需要，採取「評定等級」、「文字敘述」的方式。

　　b. 教師評定等級後，宜視需要於「分享」欄輔以文字深入說明，並予學生適切增強。

　　c. 若必須採取「核算等級計分」方式，可依各學習評量單的說明轉換。

三、學生課本紀錄情形

1. 評量內涵：康軒出版社「綜合活動」第 1 冊所有單元的課本活動內容紀錄。

2. 評量配分：占學期成績 10%。

3. 評量標準：詳見各單元課本內容紀錄，由教師決定。

四、主題總結性評量

1. 評量內涵：三次定期考查依序於第 1 主題、第 2 主題、第 3 主題結束後實施，日期由任課教師自訂。

2. 評量配分：每次成績占學期成績 20%。

3. 評量標準：各依三次評量單之評量標準評定。

伍、補救教學

1. 對學習檔案表現欠佳或未達其應有水準者，施予必要之補救教學。

2. 先呈現優秀作品供需補救教學者參考，再請小組長或義工家長協助指導，最後由教師教導。

陸、補充說明

1. 本檔案評量採「半結構式檔案評量」，只提供學生重點引導，讓學生有相當大的發揮空間。係因學生初期無此經驗，待學生具此經驗後，建議逐漸採「半結構式檔案評量」與「非結構式檔案評量」，激發學生自我規劃與自主學習能力。

（續下頁）

> 2. 若學生無整理檔案之經驗，可能需採高度引導或規範內容的「結構式檔案評量」。待學生具彙整檔案或此學習經驗後，建議逐漸採「半結構式檔案評量」與「非結構式檔案評量」，激發學生自我規劃與自主學習能力。
>
> **柒、學習評量通知單**
> 　學期末彙整整學期多元評量結果，通知學生家長學習成果。
>
> **捌、本計畫經組長、主任、校長同意後實施，修正亦同。**
>
> 校長：　　　　　教務主任：　　　　　教學組長：　　　　　教學者：

註：為節省篇幅，所有附件均不呈現。

⠶ 第四節　實施多元評量的條件與準備 ⠶

　　綜合活動學習領域乃九年一貫課程的新興領域，實施多元評量應釐清各項條件，以及落實各項準備工作。

壹、實施多元評量應具備條件

　　國中國小實施綜合活動學習領域多元評量前，若能瞭解應具備條件，作為規劃與落實之評估依據，將可事半功倍。

一、法規

　　實施多元評量必須有法規依循，方不至於各自表述。李坤崇（2001c）歷經文獻分析、座談、訪問、調查、評量、專家審查、網路徵詢意見等歷程，研擬出「○○縣（市）○○國民中學學生綜合活動學習領域學習評量要點」，此學習評量要點包括 14 條條文，盡量將多元評量精神與國中實際狀況結合，不僅可供國中擬定此學習領域評量要點之參考，亦可供其他學習領域或國小參酌。

○○縣（市）○○國民中學學生綜合活動學習領域
學習評量要點

○○年○月○日校務會議通過

第 1 條　本要點依國民教育法施行細則第 21 條第一項，及國民中學學生成績
　　　　評量準則規定訂定之。

第 2 條　國民中學學生「綜合活動學習領域」（以下簡稱「本領域」）學習
　　　　評量旨在瞭解學生學習情形，激發學生多元潛能，促進學生適性發
　　　　展，肯定個別學習成就，並作為教師教學改進及學生學習輔導之依據。

第 3 條　本領域學習評量之評量內涵依能力指標或主題軸、學生努力程度、
　　　　進步情形，兼顧認知、技能、情意等層面，並重視各領域學習結果
　　　　之分析。

第 4 條　本領域學習評量應本適性化、多元化之原則，兼顧形成性評量、總
　　　　結性評量，必要時應實施診斷性評量及安置性評量。

第 5 條　本領域學習評量以平時評量為主，必要時實施定期評量。平時評量
　　　　之次數由任課老師依其課程需要自行訂定之。定期評量之次數與時
　　　　間由本校本領域課程小組定之。

第 6 條　本領域學習評量，應視學生身心發展及個別差異，以獎勵輔導為原
　　　　則，依領域內容及活動性質，採取口試、表演、實作、作業、報告、
　　　　資料蒐集整理、筆試、鑑賞、晤談、實踐等適當之多元評量方式。

第 7 條　評量方式由任課教師依教學計畫在學期初，以口頭或書面通知等方
　　　　式向學生及家長說明，並負責評量。

第 8 條　學生成績由任課教師負責評量，亦得視實際需要，參酌學生自評、
　　　　同儕互評及家長意見辦理。

第 9 條　本領域學習評量紀錄應兼顧質化紀錄及量化紀錄。質化紀錄應依評
　　　　量內涵與結果，以評語或具體文字詳為描述，並提供具體建議。學
　　　　期成績應將質化紀錄轉為量化紀錄。量化紀錄得以分數計之，不排
　　　　名次，至學期末應轉換為優、甲、乙、丙、丁五等第方式紀錄。其

等第之評定標準如下：

(一) 優等：90 分以上者。

(二) 甲等：80 分以上未滿 90 分。

(三) 乙等：70 分以上未滿 80 分。

(四) 丙等：60 分以上未滿 70 分。

(五) 丁等：未滿 60 分。

第 10 條　本領域學習評量紀錄，每學期至少應以書面通知家長及學生一次；
　　　　　其次數、方式、內容，由本校本領域課程小組定之。

第 11 條　本領域學習評量結果及紀錄，應本保密及維護學生權益原則，非經
　　　　　學校、家長及學生本人同意，不得提供作為非教育之用。

第 12 條　本領域學習評量相關表冊，由本校本領域課程小組定之。

第 13 條　本領域學習評量得參照所在地主管教育行政機關所定之學習評量辦
　　　　　法辦理之。

第 14 條　本要點經校務會議通過後實施，修正時亦同。

二、教師

　　教師是多元評量的推動者與評量者，教師的專業素養、負擔與意願將是關鍵的條件。

1. 教師專業素養：實施多元評量最基本、最重要的條件是教師的專業素養，若教師無多元評量專業素養，則違論實施多元評量。因此，推動多元評量的第一要務為提升教師評量專業素養。

2. 教師負擔與意願：教師推動多元評量的工作負擔必然會較紙筆測驗的工作沉重，心理負擔亦因家長質疑而加重。教師的推動意願則取決於教育理想與工作、心理負擔之拔河，若教師堅持教育理想，會克服工作、心理負擔，致力推動多元評量。然若教師難以承受負擔，會向現實妥協，放棄教育理想。

三、行政

　　行政的精神支持、經費支援、場地或時間配合均係實施多元評量應具備的

充分條件。

1. 精神支持：教師實施多元評量意願與校長、主任的精神支持息息相關，若校長、主任能秉持教育理念，力抗家長的質疑，則教師累一點、辛苦一點都值得。若只是教師一頭熱，校長與主任在旁觀望，則教師在遭遇阻力後，通常會裹足不前或乾脆放棄。

2. 經費支援：實施多元評量必然較紙筆測驗花錢耗力，教師為理想費力心甘情願，但如果經費仍需由教師自行籌措，教師通常會回歸紙筆測驗。因此，實施多元評量時，校長、主任應積極主動協助教師解決經費負擔。

3. 場地或時間配合：紙筆測驗只要在教室即可實施，不限時間。但是實施遊戲化或實作評量方式的多元評量，必須有適當的場地配合，評量時間亦必須審慎安排，才不會造成評量失真。

四、家長

甚多教師反應，推動多元評量的最大阻力在家長，尤其是社會瀰漫升學主義、文憑主義氣氛，家長分數至上、分分計較的心態，使得實施多元評量困難重重。

1. 家長觀念與心態：家長觀念能否揚棄升學主義與文憑主義，心態能否拋棄分數至上與分分計較，將是能否落實多元評量的基本條件。因此，扭轉家長觀念與心態將是國中國小校長、主任與教師努力的重點，亦為各縣市教育局的奮鬥目標，更是教育部推動教育改革的重點。

2. 家長支持與配合：綜合活動學習領域強調實踐、體驗，必然大量運用多元評量。而實施多元評量有賴家長支持與配合，如何獲得家長的支持與尋求家長的配合，乃學校必須深思的課題。

貳、實施多元評量準備工作

由上述具備條件，可知現階段國中小實施綜合活動學習領域多元評量應準備工作頗多，茲闡述以供參酌，俾減少國中小摸索時間與提高行政效率，避免國中面對九年一貫綜合活動學習領域徬徨失措。

一、宣導、溝通建立共識

　　參與九年一貫課程發現：觀念宣導與共識建立是推動改革的基礎，觀念不改或沒有共識將是緣木求魚，推動遙遙無期。

　　實施多元評量必須「強化家長觀念，溝通消弭疑慮」，評量變革必然衍生家長的疑惑、質疑，然家長或許因不瞭解多元評量內涵、或許因智育掛帥作祟、或許因要求過高、或許對學校不信任，而抱持觀望、批判態度，唯有面對問題、方能解決問題，唯有消除疑慮、方能引發共鳴，唯有凝聚共識、方能發揮動力，因此，教育局與學校行政人員、教師均宜循序漸進、分層負責來強化家長溝通，以凝聚共識，切實執行。家長疑惑屬全年級共同問題者由學年主任出面協調溝通，屬全校性共同問題者由主任或校長解答疑惑，屬全縣市共同問題者由教育局（處）溝通化解疑惑。

　　家長共識凝聚必須一段時間，教育行政人員與教師必須以耐心包容家長觀念的轉變，若期待家長立即配合學校步調調整，將因急躁而適得其反。實施多元評量，可由校長、主任每個月或兩個月召開家長座談會解決家長疑惑、澄清問題，至少每個學期透過學校刊物告知課程與評量變革內涵與精髓，於學校網站設置多元評量討論區公告最新訊息與解答問題，出席社區或里民大會解說課程變革，以及教師善用家庭聯絡簿夾帶多元評量訊息與家長。另外，縣市教育局（處）行政人員亦可透過第四台直接與家長溝通，接受家長 call-in，解答疑惑，期能有效凝聚教改共識。

二、辦理實作專業研習

　　為推動多元評量，各縣市教育局（處）或學校應積極辦理種子團隊教師產出型研習，讓種子教師人數逐漸多於非種子教師，造成消長效應，營造專業成長校園氣氛。研習重點在做不在聽，在想不在說，在善用電腦與網路資訊而非抄寫彙編。種子教師在團隊合作產出作品而非各自作戰，在學校共同推動而非孤軍奮戰，在學校共同抗壓而非獨自承壓。

　　教師專業循序漸進成長應「逐步推動滲透教師教學與生活」，實施多元評量必須正視現今國中國小教師教學與行政負擔沉重之事實，於班級學生數未

能大量減少、職員人數未能大幅增加、教材分量未能刪減情況下，推動教師專業成長應採「循序漸進、相互觀摩、互助成長」的模式；循序漸進可採取「由認識而適應、由適應而試探、由試探而檢討、由檢討而改善、由改善而成長」的歷程；相互觀摩可採取讀書會、座談會、作品輪流展示、上網張貼成果之方式；互助成長可辦理產出型研習，經由腦力激盪、相互研討，開發成品供全市教師運用或修改。

　　教師專業循序漸進成長歷程亦應「激勵教師成長，而非引發惡性競爭」，若學校只藉多元評量之名，以五花八門的資料來爭取大量資源，未顧及教師的身心負擔、未啟動良性成長、未避免惡性競爭，將使得多元評量在激情之後，衍生家庭溝通、身體適應或同儕關係之問題。校長應激勵教師成長，擬定階段性目標，引導教師逐步穩健、踏實的成長，留意教師的身心負擔，提供適時的必要協助，方能切實激勵教師逐漸成長。若實施評鑑，應以「鼓勵、溝通、建議」取代「批評、指責、懲處」，以鼓勵起點化與事實化，溝通多元化與深入化，建議具體化與積極化，避免評鑑只為批評、只為指責、只為懲處的傳統弊端。

三、體認由生疏到熟練的歷程

　　教師由精熟、慣用紙筆測驗到願意運用與正確使用多元評量，並非一朝一夕可達，必須經歷由生疏到熟練的歷程。教師實施多元評量必須秉持「循序漸進」原則，而循序漸進包括「專業化、自主化、積極化、活潑化、合作化」等五化，均必須循序漸進成長與養成，茲說明於下：(1)教師成長循序漸進專業化：教師專業成長應採「循序漸進、相互觀摩、互助成長」的模式，循序漸進可採取「由認識而適應，由適應而試探，由試探而檢討，由檢討而改善，由改善而成長」的歷程；(2)教師學習循序漸進自主化：實施多元評量，教師應逐漸增進自主學習，逐步提升專業自主，必須逐漸體認終身學習的重要，逐漸化被動為主動，強化自主學習能力，方能擺脫以往不當心態；(3)教師心態循序漸進積極化：教師心態由被動到主動，由消極到積極，由抗拒而接納，由接納而參與，由參與而主導，乃一循序漸進的自然歷程，推動教育改革不能違反人性，不能不瞭解教師處境，不能不讓教師有時間去調整自己的感受，

推動多元評量必須有時間讓教師循序漸進調整心態；(4)教學方法循序漸進活潑化：教師面對教學的重大轉變，必須調整教學理念、教學方法、教學策略，然而此調整並非一朝一夕可成。教師或許產生相當大的壓力，但只要設定目標逐一調整，逐漸由嘗試錯誤中省思成長，逐漸由同儕觀摩中切磋成長，逐漸從學生回饋中修正改善，相信以國內教師頂尖的資質必然可循序漸進調整；(5)教學策略循序漸進合作化：幾十年來國內國中國小教師大多強調教好自己的科目，班級或學科間教師合作更少。然而，九年一貫課程與多元評量若無協同教學將有如緣木求魚，若無教師合作將難竟全功。教師間合作並非一蹴可幾，由單打獨鬥到協同教學的轉折過程，除有「共通目的、溝通、合作意願」外，尚須高度耐心，克服過程的溝通困難甚至誤解，逐漸培養信任與默契，逐步邁向共同擬定的教學目標。

四、調整與研發評量辦法、表格簿冊

國小自 90 學年度、國中自 91 學年度開始自一年級實施九年一貫課程改革，「九年一貫課程」以三個面向、七大學習領域取代「國民中學課程標準」的 22 科、「國民小學課程標準」的 12 科，以整合化、生活化的學習取代學習支離瑣碎，疊床架屋，以統整課程取代學科課程，來培養國中國小學生基本能力。因應課程改革，學校必須隨之調整、研發教學評量的表格簿冊。

國中國小綜合活動學習領域必須調整、研發教學評量的辦法、表格簿冊，至少包括「○○縣（市）○○國民中學學生綜合活動學習領域學習評量要點」、「學生學習評量紀錄（含質化紀錄、量化紀錄）之綜合活動學習領域部分」、「綜合活動學習領域學期學習成果通知單」。

李坤崇（2001c）依據整理出「綜合活動學習領域國中六個學期教學活動歷程表」之能力指標部分，以一學期發出兩次學期學習成果通知單為規劃原則，即第 1 學期 11 月底、1 月底發出學習成果通知單，第 2 學期 4 月底、6 月底發出學習成果通知單，總計整理出六學期十二次的學期學習成果通知單。僅呈現國中一年級第 1 學期兩次的學期學習成果通知單，詳見表 2-10、表 2-11。

表 2-10

綜合活動學習領域學習通知單國中一年級第 1 學期（第 1 次）

<table>
<tr><td colspan="4" align="center">○○縣（市）○○國中綜合活動學習領域學習通知單
一年級　第 1 學期　第 1 次（一學期兩次）</td></tr>
<tr><td colspan="4">姓名：　　　班級：　年　班　組別：　組</td></tr>
<tr><td colspan="4">各位同學：
　　經過幾個月的學習後，請完成下列題目，再請小組長、老師、家長評量或簽名。</td></tr>
<tr><td>一、請針對下列項目逐一檢討、評量</td><td>自評</td><td>小組長
評量</td><td>老師
複評</td></tr>
<tr><td>1.說出自己成長過程的人事物對自己的影響與感受。</td><td></td><td></td><td></td></tr>
<tr><td>2.蒐集或觀察鄰國或世界主要國家的生活方式與常用禮節，撰寫專題報告。</td><td></td><td></td><td></td></tr>
<tr><td>3.運用網路國際漫遊或其他方法，比較世界各地生活方式的異同。</td><td></td><td></td><td></td></tr>
<tr><td>4.訪問他人、小組腦力激盪或以心理測驗，增進對自我瞭解。</td><td></td><td></td><td></td></tr>
<tr><td>5.照顧或關懷他人，力行日行一善。</td><td></td><td></td><td></td></tr>
<tr><td>6.以外國語進行班級簡易人際溝通。</td><td></td><td></td><td></td></tr>
<tr><td>7.應用基本的外語能力，進行國際網路搜尋，瞭解世界各國文化。</td><td></td><td></td><td></td></tr>
<tr><td>8.以外國語介紹至少一個國家的文化特色。</td><td></td><td></td><td></td></tr>
<tr><td>9.積極參與或觀摩自己感興趣的事情或活動。</td><td></td><td></td><td></td></tr>
<tr><td>10.與班上同學共同省思、創作代表班級精神與特色的班名、班徽、班旗或班歌。</td><td></td><td></td><td></td></tr>
<tr><td>11.與班上同學共同擬定發揮班級精神的具體作法與努力目標。</td><td></td><td></td><td></td></tr>
<tr><td>12.小組規劃 1 日以上的班級活動與分工計畫，如露營或郊遊，並與其他各組討論，決定活動計畫。</td><td></td><td></td><td></td></tr>
<tr><td>13.執行所規劃的班級活動，檢討與提出改善事項。</td><td></td><td></td><td></td></tr>
<tr><td>14.訪問社團學長與蒐集社團資料，瞭解成立過程與所舉辦的相關活動。</td><td></td><td></td><td></td></tr>
<tr><td>15.調查學校危險角落，分享避免傷害的經驗，並演練作法。</td><td></td><td></td><td></td></tr>
<tr><td>16.系統觀察與記錄動物或植物的生長，製作專題報告。</td><td></td><td></td><td></td></tr>
<tr><td>17.種植、培養或飼養動植物，並做系統觀察與記錄，製作成果專輯。</td><td></td><td></td><td></td></tr>
<tr><td>18.能參與分組合作學習，增進人際溝通能力。</td><td></td><td></td><td></td></tr>
<tr><td>19.增進獨立思考與自我省思的能力。</td><td></td><td></td><td></td></tr>
<tr><td>20.整個活動的學習興趣、學習態度。</td><td></td><td></td><td></td></tr>
</table>

（續下頁）

二、經過整個學習過程，你最大的收穫是什麼？（例如：人際溝通能力、表達能力、傾聽他人表達能力、資料彙整能力、自我省思能力或其他）

三、經過整個學習過程，你覺得還有哪些地方可以做得更好，可以再努力？

四、整個活動的感想：

簽名：

家長的話：

簽名：

老師結語：

簽名：

中華民國　　年　　月　　日

表 2-11

綜合活動學習領域學習通知單國中一年級第 1 學期（第 2 次）

<table>
<tr><td colspan="4" align="center">○○縣（市）○○國中綜合活動學習領域學習通知單
一年級　第 1 學期　第 2 次（一學期兩次）</td></tr>
<tr><td colspan="4">姓名：　　　　班級：　年　班　　組別：　　組</td></tr>
<tr><td colspan="4">各位同學：
　　經過幾個月的學習後，請完成下列題目，再請小組長、老師、家長評量或簽名。</td></tr>
<tr><td>一、請針對下列項目逐一檢討、評量</td><td>自評</td><td>小組長
評量</td><td>老師
複評</td></tr>
<tr><td>1.省思自己的能力、興趣、專長與學習狀況，發現自己的優點。</td><td></td><td></td><td></td></tr>
<tr><td>2.說出自己較喜歡職業所必備的能力與條件。</td><td></td><td></td><td></td></tr>
<tr><td>3.匯集班級或團體的力量，積極協助需要幫助者或參與各項義賣活動。</td><td></td><td></td><td></td></tr>
<tr><td>4.參與鄉土藝文活動，說出鄉土文化特色，體驗活動意義與價值。</td><td></td><td></td><td></td></tr>
<tr><td>5.分享參與自己感興趣與專長活動的感受。</td><td></td><td></td><td></td></tr>
<tr><td>6.規劃一項大型活動與完成分工計畫，如計畫戶外教學參觀、郊遊、園遊會、社區服務。</td><td></td><td></td><td></td></tr>
<tr><td>7.參與大型活動，執行分工計畫，檢討與提出改善事項。</td><td></td><td></td><td></td></tr>
<tr><td>8.與小組同學共同搭建帳棚，並有 1 次以上的露營或宿營經驗。</td><td></td><td></td><td></td></tr>
<tr><td>9.能參與分組合作學習，增進人際溝通能力。</td><td></td><td></td><td></td></tr>
<tr><td>10.增進獨立思考與自我省思的能力。</td><td></td><td></td><td></td></tr>
<tr><td>11.整個活動的學習興趣、學習態度。</td><td></td><td></td><td></td></tr>
<tr><td colspan="4">二、經過整個學習過程，你最大的收穫是什麼？（例如：人際溝通能力、表達能力、傾聽他人表達能力、資料彙整能力、自我省思能力或其他）</td></tr>
<tr><td colspan="4">三、經過整個學習過程，你覺得還有哪些地方可以做得更好，可以再努力？</td></tr>
<tr><td colspan="4">四、整個活動的感想：
　　　　　　　　　　　　　　　　　　　　　簽名：</td></tr>
<tr><td colspan="4">家長的話：
　　　　　　　　　　　　　　　　　　　　　簽名：</td></tr>
<tr><td colspan="4">老師結語：
　　　　　　　　　　　　　　　　　　　　　簽名：</td></tr>
</table>

中華民國　　年　　月　　日

第 **3** 章

教學活動設計與實例

　　教學是一種科學，更是一種藝術，必須有其系統化、組織化及技術化的科學屬性，更須因人、因地、因時及因科而靈活、彈性、多元運用的藝術屬性。教學活動設計乃善用科學性、藝術性來規劃教學活動與教學評量，以達成教學目標的教學準備、規劃工作。茲從教學活動設計內涵、教學活動歷程解析、教學活動設計實例三方面討論之。

▩▩ 第一節　教學活動設計內涵 ▩▩

　　李坤崇（2001a，2004）為因應《國民中小學九年一貫課程綱要》將以往《國民小學課程標準》與《國民中學課程標準》運用的教學節數改為學習節數，充分展現「以學生學習為中心」的教育改革理念，本擬將「單元教學活動設計」改為「單元學習活動設計」，然因教育部 2003 年發布的《高級中等以下學校及幼稚園教師資格檢定辦法》（教育部，2003）中「國民小學課程與教學」與「中等學校課程與教學」兩個考試科目內之說明均採教學活動設計，為免混淆仍沿用「單元教學活動設計」一詞。

　　李坤崇（2001a，2004）認為單元教學活動設計（簡稱「教學活動設計」或「學習設計」）是由單元、學習、活動、設計四個教育名詞連綴而成，每

個名詞都涵蓋各不相同的意義。「單元」乃教材範圍，依教材分量多少分為大單元或小單元，綜合活動學習領域應依據能力指標擬定單元主題，主題單元的學習節數視主題廣度與深度而定。「學習」係教師輔導學生學習，教師實施綜合活動學習領域教學時，應以引導學生自主學習為前提，重點在學生如何學，而非教師如何教。「活動」係以學生為主之學習活動，教師扮演輔導者。「設計」即計畫，指教師教學前為達成教學目標所研擬的周密計畫。

因應九年一貫課程變革，教師設計學習活動必須以能力指標為依據，通常單元教學活動設計之項目包括教學科目、年級、單元名稱、教學時間、教學資源、教學研究、教學目標、學習活動及教學評量等九項，必要時可加列單元教學活動的設計者、教學者、設計學校或指導者。李坤崇（2001a，2004）強調綜合活動學習領域教學活動設計因應九年一貫課程綱要納入能力指標，著重教學評量與補救教學一體，以及人性化、多元化評量之理念，基本項目宜包括學習領域、能力指標、主題或單元活動名稱、教學目標、學習階段或年級、學習節數、學習活動、教學或學習準備、教學評量與補救教學、評量標準，以及參考資料等十一項，上述十一項得視教學活動設計需要予以簡化、合併或增添之，如合併學習階段或年級與學習節數，增添設計者或指導者。然有些學校納入「十大基本能力」，因綜合活動學習領域教學活動設計以能力指標為依據，能力指標在四個學習階段與十大基本能力之關係已於綱要中明確呈現，故建議不再贅列十大基本能力。

2000年實施九年一貫課程之後，國中國小本於教育鬆綁與專業自主理念，教學活動設計的內涵逐漸豐富與多元，筆者在大學講授「綜合活動學習領域教材教法」時，參酌國中小常用的設計格式與優點，發展出「詳案」、「簡案」兩種格式。「詳案」包括三大項，一為設計基本內涵，含設計學校、學習領域、教學（試教）學校、指導者、設計者、單元名稱、班級（學習階段）、人數、教材來源、時間、設計理念、學生學習條件分析、教學方法，以及教學資源等十四項；二為能力指標與教學目標，包含能力指標、教學目標（單元目標、具體目標）等兩項；三為教學內涵與歷程，包含具體目標、教學活動歷程、教具、時間、評量、備註等六項，實例詳見本章第三節。「簡案」包括設計學校、學習領域、單元名稱、設計者、達成能力指標、單元活

動目標、活動實施與教材來源（活動適用對象、活動時間、教材來源）、準備
事項、活動歷程、評量（評量使用說明），以及注意事項等十一項，實例詳見
《綜合活動學習領域概論（第二版）》（李坤崇，2011）一書第五章「能力指
標解讀、轉化理念與實例」第六節。茲將「詳案」的三大項重點項目扼要說
明於下：

壹、設計基本內涵

設計基本內涵包含設計學校、學習領域、教學（試教）學校、指導者、設
計者、單元名稱、班級（學習階段）、人數、教材來源、時間、設計理念、學
生學習條件分析、教學方法、教學資源等十四項，逐一概述之。

一、設計學校

教學活動設計指出設計格式所屬學校或系所，彰顯師資培育機構的特色。
面對培養教師過多造成流浪教師日增，各師資培育機構如何營造其專業形象，
贏得國中小學校的信任與青睞，將是未來存廢的關鍵。

二、學習領域

教學活動設計內涵必須能明確說明以何種學習領域為設計重心，且應於顯
著位置呈現。若出現跨學習領域者應明確註明，但仍建議以一個學習領域為
主體。

三、教學（試教）學校

教學活動設計必然有實施的學校，因國中小紛紛發展學校本位課程，學校
大小與社區地理環境與資源並不相同，因此，若能註明教學（試教）學校將
較佳。

四、指導者

教學活動設計的設計者若請師資培育機構的學者或精於教學的國中小教師

指導，宜註明指導者。

五、設計者

　　研發者理應註明於教學活動設計之中，通常設計者即為教學者，若兩者不同人時，應分別說明設計者與教學者。

六、單元名稱

　　單元名稱力求引起學生學習興趣，但不宜花俏到離題。如「社區巡禮」可能優於「認識社區」，「中秋傳奇」或許較「中秋節介紹」為佳。建議單元名稱宜盡量貼近學生平常的用詞，且力求精簡傳神。

七、班級（學習階段）

　　設計內容指出實施班級時，同時會標明年級與班級，年級則與學習階段直接相關。有經驗者之設計不一定列出學習階段，且指出年級較學習階段精確。

八、人數

　　活動參與人數多寡會影響設計內涵、分組狀況以及教學準備，因此，宜盡量註明人數。

九、教材來源

　　國中小教師的教材來源主要有直接引用出版社教材、改編出版社教材，或自編教材，建議明確指出何種來源；若直接引用出版社應註明出版社名稱、第幾冊、第幾單元或其他重要資訊。

十、時間

　　時間係指學習節數，指出整個單元（或主題）共多少節？共幾分鐘？因綜合活動學習領域進行實踐、體驗、省思時，一節40分鐘或45分鐘時間，難以完整實施整個歷程，故實施教學經常需要兩節或三節連排；有些教師在三節一單元一週的設計時，註明「1 + 2」係指三節中後兩節連排。

十一、設計理念

設計者扼要闡述單元設計的主要理念,及呼應領域精髓的概念。此部分突顯設計者在對本學習領域理念與精神的掌握程度。另外,善用領域的常用術語,以顯現對領域的熟悉度。

十二、學生學習條件分析

設計者必須分析學生在學習前會做什麼?知道什麼?對學生的起點行為、素質、省思經驗深入瞭解,尤其是以往學習階段已達成的能力指標更應註明。綜合活動學習領域較常用討論的方式進行省思,學生的發言與討論情況宜詳細評估,方能循序漸進引導學生討論。

十三、教學方法

設計者精簡扼要的指出採用的主要教學方法,如李坤崇(2001a)提出綜合活動的教學方法,有講述、發問與討論、腦力激盪與聯想、資料蒐集與分析、訪談、調查、觀察、參觀、發表、角色扮演、繪畫、回饋活動等十二項,提出解決問題學習、合作學習、體驗學習、創意學習、自主學習、善用資源與求助學習六項綜合活動的學習方法;本書第一章闡述之發問與討論、價值澄清、繪本教學、學習檔案等四種省思教學策略均可供教師參酌採用。

十四、教學資源

教學資源係指學習活動所需要的主要教學資源,如學習單、壁報紙、磁鐵、膠帶、碼錶、多媒體設備或其他教具與資源,若能依學生人數列出數量將更佳。

貳、能力指標與教學目標

能力指標與教學目標包含能力指標、教學目標兩項,然因高中職課程綱要無能力指標,故高中職之教學活動設計無須撰寫能力指標。

一、能力指標

　　能力指標乃出版社或學校編輯教材的依據、教師確立教學目標與運用學習方法的前提、教師實施學習評量的準則、教育部發展評鑑指標的根據、教育部發展基本學力測驗的基準、學校實施基本能力測驗的準繩，以及擬定學校課程計畫的必備項目。教學活動設計必須明列欲達成的能力指標，作為設計活動與評量的基礎。在綜合活動學習領域之教學活動設計，應以闡述主題活動所能達成的綜合學習領域能力指標為主，達成其他六大學習領域能力指標為輔，方不致產生本末倒置的現象。若學校「綜合活動學習領域課程小組」已將能力指標予以細分，應列舉到綜合活動學習領域的細項能力指標，使得能力指標更詳細呈現。

　　呈現能力指標應以綜合活動學習領域能力指標為主，其他學習領域能力指標為輔；亦應掌握「在精不在多」原則，能力指標不宜貪多，尤其是做不到的不要寫。

二、教學目標

　　擬定教學目標應先瞭解學校願景、學生經驗背景、學習節數、教學設備和資源等實況，然後依據認知、技能、情意目標結構的層次，選擇、決定適合學生程度和需要的教學目標。教學目標分為單元目標和具體目標（又稱行為目標），應儘量包括認知、技能與情意，為強化基本能力，應著重行為目標之敘述。教師若設計主題學習活動時，撰寫主題教學目標較常用單元目標的撰寫方式，撰寫主題內單元教學目標則較常用行為目標的撰寫方式。上述常造成混淆，特予以釐清。

(一) 單元目標

　　單元目標具有下列六項功能：(1)作為教師篩選教學方法、設計學習活動的依據；(2)讓教師更適切安排學習歷程與資源；(3)讓教師更精確掌握學習內容；(4)讓教學評量更客觀；(5)讓補救教學更具目標導向；(6)讓教師更易於自我診斷及改進教學缺點，及協助瞭解學生學習的困難；(7)讓教師能更適切布置學習情境（李坤崇，2001a）。

　　確立單元目標的三個步驟為：(1)依據能力指標來剖析學生在新設計學習活動中，待學習的重要內涵？(2)分析學生在學習前會做什麼？知道什麼？可瞭解所設計能力指標與其他能力指標的關係或以安置性評量進行瞭解；(3)根據前兩項之預期能力指標或教學目標與學生現況，掌握綜合活動學習領域「實踐、體驗、發展、統整」之理念，注意同時學習原則，以決定認知、技能、情意等目標的層次。

　　單元目標應兼顧認知、技能、情意三方面的教學目標，其寫法要點為：(1)能學得什麼觀念？能增進哪些知識？(2)能展現哪些能力？能做出或熟悉哪些技能？(3)能表現或養成什麼態度？能培養什麼理想和興趣？（李坤崇，2001a）

　　針對教師撰寫單元目標較易犯之錯誤，特別提出撰寫單元目標應注意事項如下：(1)教師「教」與學生「學」的目標要分開，教學重點在學生「學」，不在教師「教」；(2)學習領域目標與單元目標要分開，不應混淆，單元目標必須於單元活動結束時，能經由觀察、測驗或其他評量方式確定達成程度；相對地，學習領域目標則較廣泛，較難以於單元活動結束立即達成；(3)單元目標敘述應力求簡化，過去若寫「輔導學生」則應予省略；(4)注意同時學習的重心，訂立單元目標應明瞭欲達成能力指標在綜合活動學習領域的位置，是否與七大教育議題相關，以決定同時學習的重心在知識、技能或情意，或必須呼應指定單元與教育議題；(5)單元目標與具體目標（或稱行為目標）的動詞敘述差異甚大，單元目標敘寫時要用概括性較廣泛的動詞，如瞭解、知道、認識、學會、欣賞等含有內隱性語詞（他人較難以直接觀察，意義較含糊或多元的語詞）；具體目標的動詞應用具體、可看、可聽、可測者，如說出、寫出、畫出、分類、分辨、比較。

　　有關單元目標（主題活動目標）常用情境與具體目標（單元活動目標）常用動詞之差異，詳見李坤崇（2001a）所著《綜合活動學習領域教材教法》第八章表 8-1。

(二) 具體目標

　　具體目標與以往教學設計中所述之行為目標相同，為區別主題活動下，再細分數個單元活動之教學目標，乃以具體目標稱之。具體目標乃學生學習後，即可從行為表現觀察到的學習行為改變，以具體、明確、可聽、觀察、測量

的敘述方式呈現。具體目標（行為目標）必須呼應單元活動目標（單元目標），不宜張冠李戴，如將技能之具體目標置於認知之主題活動目標之下乃常見之誤。

　　確立具體目標的六個步驟為：(1)分析主題活動目標所衍生之數個單元活動，明確掌握各個單元活動具體的學習行為；(2)評析各個單元活動的具體行為在認知、技能、情意三項教學目標的層次、範圍與獨立性；(3)分析學習行為分類中，可具體觀察的實際反應或行動；(4)將主題活動目標依單元教學活動細分成數項具體目標；(5)剖析具體目標（行為目標）的五要素：對象（人）、行為、情境、標準、結果，對象（人）通常可省略，情境亦可視教學目標內涵省略；(6)適切運用適當動詞來敘述行為目標（李坤崇，2001a）。

　　檢核具體目標（行為目標）的四項特質：(1)細部化：將主題活動目標分析得更精細、更具體，務使每一步都有明確的行為表現；(2)系統化：不僅要分析精確，且學習歷程與教材結構（觀念或事實或過程）應依發生順序先後排成系統，呼應學習活動的過程與順序；(3)明確化：敘述行為表現的動詞要具體明確、可觀察、不模糊，誰看都一樣，不致有其他的誤解；(4)數量化：行為應盡量提出可聽、可看、可測的量化標準（李坤崇，2001a）。

　　剖析具體目標（行為目標）是為求具體、明確、可觀察。一項完整的行為目標敘述必須包含對象（人）、行為、情境、標準、結果等五個要素，其中「行為、標準、結果」乃每一項行為目標不可缺之要素，分別說明五項要素如下：(1)對象（人）：實踐預期行為者為何人，通常指學生，故可省略；(2)行為：學生學習後可觀察到的行為，通常以「動詞」說明，具體動詞乃可聽、可見（觀察）、可測等外顯行為的動詞，如說出、寫出、畫出。具體動詞的意義只有一項，任何人的解釋均相同；(3)結果：學生行為所及的結果，用受詞敘寫，通常接在動詞後面。結果係行為的「內容」（實際上作了些什麼），即行為目標的受詞；(4)情境：學生學習行為的限定條件，如面對情境，使用工具、使用方法、運用材料、限定時間、特定或限定場所。情境可視教學目標內涵或學習領域性質適切省略；(5)標準：行為應達成的要求或合格標準，盡量以「數量」呈現。如正確程度多高、協調程度多準、速度多快、數量多少、價值層次多高。以具體目標（行為目標）的要素，舉出三個範例於下：

範例一：能做出　至少六項　正確動作。（省略人、情境兩要素）
　　　　（行為）（標準）　（結果）

範例二：十項投球的基本動作能做出　至少六項　正確動作。（省略人要素）
　　　　　　（情境）　　　（行為）（標準）　（結果）

範例三：學生能做出十項投球的基本動作中至少六項　正確動作。
　　　　（人）（行為）　（情境）　　　　　（標準）　（結果）

　　教學設計者應設計符合學生能力指標階段的教學目標，而能力指標與教學目標間，需透過「轉化」來實現。能力指標轉化教學目標時稍有不慎會出現偏差，如某國小團隊將綜合活動學習領域細分之自編能力指標「2-1-1-1 瞭解並分享自己的日常衛生習慣，進而維持良好的衛生習慣」轉化單元教學目標後分為兩項：(1)能和他人分享自己的日常衛生習慣；(2)能瞭解維持良好的衛生習慣之重要性。可見，此國小團隊將「維持」良好的衛生習慣，轉為「瞭解」維持良好的衛生習慣之「重要性」，乃犯技能轉為認知的嚴重偏差。又如某國中團隊將綜合活動學習領域細分之自編能力指標「3-4-1-1 與班上同學共同擬定發揮班級精神的具體做法」轉化單元教學目標後分為兩項：(1)透過活動，發揮個人創意，體驗參與各種團體活動時應有的精神和知能；(2)發展團隊合作的精神和培養團隊的認同感。顯示，此國中團隊未能精準掌握「班級」團體，卻流於一般性的團體。

參、教學內涵與歷程

　　教學內涵與歷程包含具體目標、教學活動歷程、教具、時間、評量、備註等六項。

一、具體目標

　　具體目標係指前述之具體目標，通常詳案以表格呈現時，此部分均以代號呈現，如本章詳案實例中具體目標「1-1 說出團體合作對個人的意義」、「1-2

指出團體合作的重要性」，註明於「教學內涵與歷程」時，僅呈現「1-1」、「1-2」代號。

二、教學活動歷程

　　一般教學活動雖分準備活動、發展活動、綜合活動三段，為避免與綜合活動學習領域混淆，將綜合活動改為整合活動。各項活動項目因各科性質不同而異，故僅呈現三段概念而不直接引用三段之名稱。

　　綜合活動學習領域分為四個學習階段，第一至第三學習階段為國小低、中、高年級，第四學習階段為國中一至三年級，因此，若依據能力指標來設計主題活動，主題活動所包括的數個單元活動，可能橫跨整個學習階段，至多可跨六個學期。綜合活動學習領域課程小組規劃主題活動與單元活動時，應顧及橫的聯繫與縱的連貫，方能讓課程充分統整。詳細教學活動歷程說明，詳見本章第二節。

三、教具

　　說明運用之學習單或教具，配合教學需要使用之補充教材，或活用教科書之訊息。如學習單、壁報紙、磁鐵、膠帶、碼錶、多媒體設備或其他教具與資源，及其數量，能詳細說明者儘量說明之。

四、時間

　　此部分每項重點活動所需的時間，通常均以分鐘表示。時間之註解宜力求統一，如註解於大項或小項活動宜統一，新手教師建議以小項活動為單位列舉，有經驗的資深教師則僅列出大項活動之時間即可。

五、評量

　　教學評量不僅在考察學生進步及行為變化，是否達到預期之教學目標，更在檢討教學計畫及教法、教材是否適當，做為教師今後改進之參考。教學評量依教學先後分為安置性評量、形成性評量、診斷性評量、總結性評量四類。教師宜針對每一項單元活動目標（行為目標），訂出評量標準或方式，教學過

程通常用觀察、口試等形成性評量。教學結束後,可用紙筆測驗、觀察檢核或評量表或其他評量方式等總結性評量。茲簡述四種評量於下(李坤崇,2001a,頁378-379):

(一) 安置性評量

安置性評量用以瞭解學生具備學習主題活動或單元活動所需的基本技能、知識與態度的程度,及分析學生精熟預定學習內容的程度,俾於教學或學習前研擬適切的教學活動設計。綜合活動學習領域之安置性評量可檢視學生以往學習紀錄,可運用口頭發問、觀察檢核表或評量表來檢核學生的行為與態度,亦可訪問與學生相關的師長或同儕。

(二) 形成性評量

教學活動設計中,可將形成性評量轉化為納入評量的教學評量單,將教學與評量充分結合,撰寫學習活動過程的形成性評量應注意下列幾項:(1)每項評量宜呼應單元活動目標;(2)直接於學習單評量,學習單妥善規劃評量內涵;(3)評量方法宜採多元化評量,綜合活動學習領域除非必要,不然應避免採用紙筆測驗,而採口頭發問、觀察、檢核或評量行為,以及評量學習單;(4)評量人員宜多樣化,除教師外,可包括學生本人、小組長、家長。

(三) 診斷性評量

診斷性評量乃學生持續發生學習困難,而無法從形成性評量覺察出困難的原因時,必須運用此評量。綜合活動學習領域運用診斷性評量,除採用標準化人格或成就測驗外,尚可用教師自編評量表、檢核表,必要時尚須運用診斷工具或請學科專家、心理專家、醫生協助。單元教學活動設計中是否呈現診斷性評量,必須視學生學習情況而定。

(四) 總結性評量

綜合活動學習領域之總結性評量旨在檢核學生達成預期能力指標的程度、確定教學目標的達成程度,及評定學生學習成果。運用總結性評量可用標準化人格或成就測驗、教師自編評量表或檢核表、口頭報告、專題研究報告、觀察檢核或評量表、學習檔案或其他實作評量。教師實施綜合活動學習領域之總結性評量,可依教學目標、工作負擔、學生或家長需要,採取「文字敘述」、「評定等級」的方式,儘量避免以量化數據呈現學習結果。

評量標準宜突破以往僅著重「能力」評量的作法，可從「能力」、「努力」兩個向度進行評量，「能力」以符號「○、✔、△、？、×」表示「很好、不錯、加油、改進、補做（交）」。「努力」以符號「＋、－」表示「進步、退步」，評量前必須告知學生符號所代表意義。若評量等級亦可運用其他符號或評語，仍須事先與學生溝通，且力求符號一致性。

六、備註

備註可包括補救教學、評量標準、參考資料等三小項，補救教學乃提出對需要實施補救教學者的具體作法；評量標準可呈現評量的質量兩向度、評量符號與評語；參考資料乃說明設計時參考的教材來源與引用的書刊資料。

▪▪ 第二節　教學活動歷程解析 ▪▪

一個完整的單元教學活動包括準備活動、發展活動、整合活動等三項，通常準備活動係指從教師進行學習活動前各項準備到引起動機的歷程；發展活動係指引起動機後到教師最後總結前的歷程；整合活動係指教師實施總結到學習活動結束的歷程。但學生學習活動結束後，教師仍須處理善後工作，因此將分成準備活動、發展活動、整合活動、善後工作四項說明之。

壹、準備活動

準備活動乃從教師進行學習活動前各項準備到引起動機的歷程，此歷程教師教學或學生學習的準備活動，宜掌握下列八項重點：

一、掌握課程與領域理念

準備活動的首要工作，也是常被忽略者為對九年一貫課程、綜合活動學習領域課程綱要的掌握。具體工作有二：(1)瞭解《國民中小學九年一貫課程綱

要》內涵與實施要點，尤其是教育部 2008 年公布《國民中小學九年一貫課程綱要》總綱，有關課程、教學及評量部分的規定，教師宜仔細研讀；(2)解析「綜合活動學習領域」課程綱要，尤其是 2003 年、2008 年《綜合活動學習領域課程綱要》能力指標的差異，教師必須詳讀以確保自己能掌握綜合活動學習領域的精髓。

二、請教相關教師或實習輔導教師

　　教育鬆綁與專業自主乃課程改革的重要理念，而透過專業對話，將可讓教師更深切體認理念內涵。教師專業對話乃相當重要的策略，因此，建議教師或實習教師設計教學活動，多請教相關教師或實習輔導教師。尤其實習教師應落實下列工作或信念：(1)將單元活動設計於教學前一週送交實習輔導教師；(2)徵詢實習輔導教師試教班級常規，或較特殊學生，以粗略掌握班級情況；(3)徵詢實習輔導教師指導時間，若其無時間則不勉強。

三、實施教材分析與調整

　　教師引導學生學習最重要的工具為教材，教材分析與調整包括下列幾項工作：(1)剖析出版社單元目標、能力指標與教學歷程：由於出版社對三者往往不相互呼應與關聯，常出現單元目標與能力指標不符、單元目標與教學歷程不符、能力指標與教學歷程不符等問題，教師宜剖析後決定直接採用或改編出版社單元教材；(2)分析學生學習條件：單元教學活動設計的實施對象為學生，教師必須分析學生在學習前會做什麼？知道什麼？對學生的起點行為、素質、省思經驗深入瞭解；(3)探討學習內涵與學生、社區的契合度：出版社的單元教材有些不符合學生學習經驗，或內涵不適合社區環境與資源，則教師宜適度改編出版社單元教材；(4)評析教學方法或學習方法：出版社採用的教學方法未必是教師認為最佳或最適合學生者，教師可依據專業自主理念進行調整或更換；(5)探究學習流程時間：探討出版社所安排學習流程與時間的適切性，有些出版社之學習流程欠佳，學習時間過多或太少，均需慎重評析；(6)評析學習評量：出版社採用的學習評量方式或呈現評量結果的內涵或許不盡理想或不切合教師需要，教師應評析後選擇直接採用、改編或自編評量素

材或方法。

四、學生學習準備

　　教師宜引導學生於學習前做好「學習準備」工作，如蒐集資料、進行訪問、實施調查、觀察記錄、完成作業、分組討論或完成分組。其中，設計作業或分組時，宜注意下列四項：(1)所有活動單事先設計完成，決定印刷方式、大小、數量；(2)活動單出現時機，發放方式（小組長、傳送、發送），分組宜事先算好份數；(3)決定分幾組、每組人數、分組方式（隨機、座位、依舊有分組、遊戲或其他創意分組方式）；(4)模擬分組歷程，進行分組分解動作，準備說明圖與相關道具（分組背心或組旗）。

五、活動前，做好學習情境勘查規劃與推演歷程

　　活動前除布置教學情境外，亦宜虛擬推演整個教學歷程，主要工作有以下三點：

(一) 勘查教學情境

　　教學前實地勘查教學情境，如黑板的大小、磁性與乾淨度，講桌的大小與可放置物品，桌椅的安排與可移動性，走道的寬窄與行走動線，教室後牆面布置，多餘桌椅供指導教師坐，錄影電源插座與延長線必要性，錄影位置的向光背光、收音或攝影者位置，上述工作雖然繁瑣卻是馬虎不得，一個環節出錯將使活動難以順暢進行。

(二) 規劃與演練教材教具

　　實際布置教學情境，包括下列工作：(1)活動公約、榮譽榜、單元名稱、活動說明、分組說明、討論說明均事先做好長條紙或壁報紙，儘量不動手寫板書；(2)事前製作簡報，並模擬播放；(3)規劃所有教具、教學媒體的出現時機、順序與擺置位置；(4)商借、操作、試用教學器材或工具，且研擬緊急備案。

(三) 虛擬推演教學歷程

　　教師帶領學習活動前最後的準備工作，乃虛擬推演從整單元活動到結束的整個歷程，包括教師的位置走動順序，教材教具出現時機，帶領學生的方法與流程，力求考慮每個細節，落實準備總檢核工作。

六、剛開始活動或進教室後，立即營造學習情境

教師做好各項準備工作後，將進教室或到活動場地後，立即展開營造學習情境，主要工作如下：(1)找個較接近教室的地方整理服裝儀容；(2)有信心、愉快的走進教室，不要衝入教室或找不到教室；(3)裝置教具與資料的袋子放置於桌腳或講桌下；(4)反捲壁報紙、長條紙，進行黑板情境布置，如擺置單元名條、榮譽榜、活動公約，黑板布置如圖 3-1 所示；(5)未布置黑板之壁報紙、長條紙依序擺置在講桌上或講桌下；(6)手錶配戴轉向，便於觀看或多準備一個計時器；(7)進行自我介紹或單元介紹；(8)說明「活動公約」與手勢規則，並實地演練；(9)站立說明黑板內容或寫板書，站立角度以與黑板呈 45 度為原則；(10)避免背對學生，增加其蠢動機會；(11)若須分組，則宜決定立即分組或尋求最佳分組時機；(12)分組時，指令明確、分解動作，逐一推演、有條不紊，輔以圖表說明更佳。

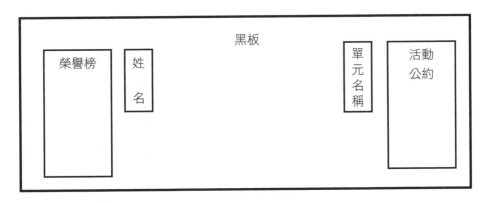

圖 3-1　黑板布置圖

七、活動剛開始時，檢核學生學習準備狀況

教師剛開始帶領單元教學活動時，必須先檢核學生學習準備狀況，檢核重點有四：(1)確認學生心態已準備學習，以靜制動，不急著開始進行活動或教學；(2)確認學生已完成分組，各組學生知道其所屬組別；(3)確認學生已完成

交付作業，如蒐集資料、進行訪問、實施調查、觀察記錄、完成作業、分組討論成果；(4)鼓勵完成作業者，忽略未完成者；未能忽略，則事先思索直接處理的策略，如警告、隔離或下次繳交，但不宜破壞學習氣氛。

八、激發學習動機

　　進入發展活動前的最後準備任務為激發學習動機、喚起或類化經驗，及提示學習重點。教師應採取適當的方法以活絡學習氣氛，引發學生學習興趣，提高學習動機；教師應喚起學生舊經驗作為類化的基礎，即協助學生整理、回憶曾學過而與當前學習有關的經驗。如複習舊教材、預習或課前評量均可喚起或類化經驗；提示學習重點，導引學生學習方向，不致於茫然無緒。具體參考作法如下：(1)愛的鼓勵，相互增強；(2)先給各組鼓勵分數，運用榮譽榜；(3)以與單元主題有關的故事、笑話或活動，激起動機；(4)立即予專心或積極回應的組別榮譽榜或個人增強；(5)喚起與類化經驗，協助學生整理、回憶曾學過而與當前學習有關的經驗；(6)若教室過於吵鬧，運用安靜或靜音手勢，立即予積極回應的組別榮譽榜或個人增強。

貳、發展活動

　　發展活動乃學習活動的主體，係指引起動機後到教師最後總結前的歷程，此歷程的主要任務為：(1)評析準備活動之效果：運用各種評量方式，來評析準備活動效果；(2)決定學習內容與方法：依據教學目標、能力指標、教師專長、社區需要、學生狀況，決定適合學生的學習內容，規劃活潑生動的學習方法；(3)繼續布置學習環境：教師善用各種教學媒體、教具、教學資源或網路資源，激發學生自主學習，來提升學習成效；(4)展開各項學習活動：活動方法可採研討、實驗、製作、閱讀、訪問、報告、示範、演講等，兼具看、聽、想、說、做之學習，活動方式可用全體、分組或個人等方式；(5)增強鼓勵學生學習：鼓勵學生對學習活動積極反應，發掘學生優點，容忍學生缺失，引導學生思考、批判，並鼓勵創新的設計，讓學生在增強中表現自我、肯定自我；(6)著重個別差異：體認學生個別差異的事實，運用各種彈性的教學方

法與內涵,激發每個學生的潛能。發展活動的主要四項帶領過程與分組注意
事項如下:

一、評析準備活動之效果

展開學習活動前,為確保學生就緒,教師仍宜運用問答、報告、資料陳
列、提出疑難問題等評量方式,來評析準備活動效果。若發現準備不足,則
宜強化準備工作。不然,貿然實施只會事倍功半。

二、提出單元活動內涵或任務

教師實施教學或引導學生學習,應讓學生有明確的「目的感」,方能讓學
生有所依循。然而,有些教師自己認為已交代活動內涵與任務,卻未覺察學
生是否知道,形成雞同鴨講的現象,使教學或學習效果大打折扣。因此,為
引導學生明確的「目的感」,教師可參酌下列作法:(1)愛的鼓勵,相互增強;
(2)以壁報紙或相關教具說明單元活動內涵,必要時發予活動說明,並事先考
慮發送流程;(3)再度確認學生瞭解討論或學習內涵,協助學生聚焦;(4)明確
指出學生個人或分組應完成的任務、可用時間、完成後發表方式與發表者,
及其他應注意事項。若能文字化更佳;(5)遵循「發問、想或寫、自由或指定
發言」的個別模式;(6)先接納、鼓勵每位發言同學,再引導其思考方向;(7)
給予學生個人或分組充分、從容的思考時間;(8)鼓勵學生運用創意方式表達
或展示學習成果;(9)立即予專心或積極回應的組別榮譽榜或個人增強。另外,
記得喝溫開水,減少喉嚨傷害。

三、進行單元教學活動

單元教學活動乃整個設計的核心,教師宜評析學習活動以分組、個人或全
體進行較佳,有些活動適合分組者則分組,適合全體進行者則全體實施,不
宜墨守某種方式。綜合活動學習領域為引導學生進行實踐、體驗、省思,採
用分組進行的比例可能高於其他領域,然因教師對分組進行較為陌生,故提
供進行「分組」單元教學活動的作法供參酌:(1)不論採取全班或分組實施,
宜留意整體互動情況與學生回饋訊息,適時調整學習活動內涵或立即調整活

動方式；(2)分組後，立即進行全面式的巡迴走動（S型），不僅解惑，更可穩定學習氣氛；(3)覺察學生個人或分組學習內涵、進度與問題；(4)分組討論後發現共通問題，立即向全班說明；(5)暫時忽略不配合但未嚴重干擾他人之學生；(6)立即予專心或積極回應的組別榮譽榜或個人增強；(7)若教室過於吵鬧，運用安靜或靜音手勢，立即予積極回應的組別榮譽榜或個人增強；(8)待全體就緒後，不配合學生未改善或已干擾他人學習，則先以他人未察覺方式提醒，無效再口頭警示，不得已則實施班級內隔離；(9)用眼角餘光或以自然動作，隨時注意時間；(10)若分組宜提示分組時間，通常一分鐘、兩分鐘以前宜分階段提示；(11)若各組報告需準備道具，提示各組應充分準備；分組結束時間提示應於結束前三分鐘；(12)若學生個人或分組已完全就緒，可抽空準備下一個活動主題，或整理黑板上不用的壁報紙；(13)不要期待完全按教案計畫進行，教學本身就是充滿變數的藝術。另外，教師記得喝溫開水，減少喉嚨傷害。

四、總結單元教學活動

　　某項學習活動的總結，具有統整、整合學習活動的功能，此階段乃「發展活動」階段的總結，完成後才進展到「整合活動」階段。此歷程可參酌具體作法如下：(1)對活動中學生個人或分組表現較佳者，立即運用榮譽榜予以增強；(2)用眼角餘光或以自然動作，覺察剩餘時間，以調整個人或分組發表時間；(3)若剩餘時間甚短，可提醒只能有幾組或幾人發表，引導學生積極爭取發表機會；(4)鼓勵個人或分組發表活動心得，對先發言者運用榮譽榜予以「加成」增強；(5)若數組願意主動發表，則盡可能排定發表順序，不僅利於活動進行，更可讓未發表者穩定情緒安心準備；(6)若鼓勵後仍無主動發表者，教師決定發表順序，不必過於民主，浪費寶貴時間；(7)發表係向全班發表，而非教師；教師宜確認其他同學聽到發表者聲音；(8)對聆聽發表者的個人或組別，運用榮譽榜予以立即增強；(9)尊重各組的個別差異，儘量採取正向增強或補充說明方式，積極鼓勵發表者；(10)若發表有時間限制，宜請一位同學負責計時，並以適切方式提示時間到了；(11)暫時忽略不配合，但未嚴重干擾他人之學生；(12)立即予專心或積極回應的組別榮譽榜或個人增強；(13)若教室過於吵鬧，運用安靜或靜音手勢，立即予積極回應的組別榮譽榜或個人增強；

(14)不要期待完全按教案計畫進行，教學本身就是充滿變數的藝術。另外，記得喝溫開水，減少喉嚨傷害。

五、發展活動注意事項

發展活動乃單元教學活動的核心，此階段宜注意事項如下：(1)若一節 40 或 45 分鐘，不宜超過三個活動；(2)分組活動宜集中，不宜個人、分組活動交錯，尤其是必須移動位置者；(3)可將總結活動合併，如幾次活動後綜合發表，不一定每次活動均進行發表；(4)學生敘寫學習單的分量不宜過多，以免引起厭煩，通常一週頂多用一張學習單，超過則應謹慎為之。

參、整合活動

整合活動係指教師實施活動總結到學習活動結束的歷程，教師或學生可運用下列方式進行整合活動：(1)整理學習內容：分析、歸納、演繹學習內容；(2)強化學習結果：練習、複習、組織學習結果；(3)應用練習：演出、做出或說出學習結果；(4)展覽學習結果：學生個人或分組展覽學習結果，展出與相互觀摩、分享以擴充學習效果；(5)印證學習結果：討論學習結果與日常生活關係、實際應用心得；(6)鼓勵增強：針對學習成果予以鼓勵增強，立即予專心或積極回應的組別榮譽榜或個人增強；(7)省思：引導學生省思、檢討與改善，並提出疑問；(8)檢討改進錯誤：作為實施診斷及補救學習活動之依據；(9)實施補救教學：教師實施診斷及進行補救學習；(10)實施總結性評量，以適當方式進行，且需納入教案之中；(11)複習、指定預習作業或預告下一單元。

整合活動的注意事項如下：(1)若教室過於吵鬧，運用安靜或靜音手勢，立即予積極回應的組別榮譽榜或個人增強；(2)用眼角餘光或以自然動作，隨時注意時間；(3)從容地結束活動：教師宜把握「下課鐘聲結束前下課」的原則，總結榮譽榜表現，予各組不同方式的增強，給予學生持續鼓勵增強。

肆、善後工作

　　學生學習活動結束後，教師仍須處理善後工作，此歷程宜掌握下列重點：(1)若學生分組尚未恢復，且下節課不必分組，則引導學生「安靜地」還原；(2)學生若有問題，可請其稍候或請其協助收拾物品後，到走廊討論，避免影響下節課之進行或無法收拾物品；(3)整理與收拾黑板上的物品，妥善收拾並依序排列，以備往後之用；(4)將黑板上自己所寫文字清除；(5)將講桌上下東西收拾乾淨；(6)還原其他物品；(7)從容地離開教室或活動場所；(8)若是實習教師宜請教實習輔導教師，請其提供寶貴意見；最好立即請教，若實習輔導教師沒時間，則宜另外約時間請教。

伍、教學後的省思與建議

　　實施教學後若能提出適切的省思與建議將更佳，國中小教師撰寫省思與建議宜掌握「呼應目標、省思改進、經驗傳承、自我行銷」原則，呼應下列七項問題：(1)活動達成能力指標、教學目標的程度？(2)活動設計的設計理念達成程度？切合起點行為？(3)教學或學習內涵、歷程的優點與反省？以及具體改善意見？（教學方法多元嗎？教學資源適切嗎？）(4)教學、學習結果的優點與反省？以及具體改善意見？(5)對運用本學習活動設計的建議？(6)對學校、教育局（處）或教育部的建議？(7)提出自己未來努力方向的適切性？

● 第三節　單元教學活動設計實例 ●

　　教學活動設計的「詳案」的內涵可包括三大項：(1)設計基本內涵：包含設計學校、學習領域、教學（試教）學校、指導者、設計者、單元名稱、班級（學習階段）、人數、教材來源、時間、設計理念、學生學習條件分析、教

學方法、教學資源等十四項；(2)能力指標與教學目標：包含能力指標、教學
目標（單元目標、具體目標）等兩項；(3)教學內涵與歷程：包含具體目標、
教學活動歷程、教具、時間、評量、備註等六項。

　　單元教學活動設計之「簡案」包括設計學校、學習領域、單元名稱、設計
者、達成能力指標、單元活動目標、活動實施與教材來源（活動適用對象、
活動時間、教材來源）、準備事項、活動歷程、評量（評量使用說明），以及
注意事項等十一項。

　　學校進行綜合活動學習領域學習設計可從「能力指標」、「主題活動」兩
個向度著手，李坤崇（2001a）已完整提出兩個向度的教學活動設計，且李坤
崇（2004）亦提出一個「詳案」、兩個「簡案」的實例，有興趣者請參閱心理
出版社出版的《綜合活動學習領域教材教法》（李坤崇，2001a）一書第九章
「學習活動設計實例」及《綜合活動學習領域概論》（李坤崇，2004）一書第
八章。另，《綜合活動學習領域概論（第二版）》（李坤崇，2011）第五章
「能力指標解讀、轉化理念與實例」第六節已呈現各單元「簡案」實例，本
節謹提供一個「詳案」單元教學活動設計實例供參酌。

　　國立成功大學教育所綜合活動學習領域單元教學活動設計（詳見表 3-1）
乃 97 學年度第 2 學期在國立成功大學教育學程開設「綜合活動學習領域教學
實習」課程，引導教育研究所研究生發展設計之詳案。過程經過數次全班討
論，逐一斟酌，試著將綜合活動學習領域的理念與精髓於教學活動設計中呈
現。表 3-1 乃全班設計成果之一，經徵得盧名瑩同學同意納入本書後，再經修
改潤飾而成。雖然力求完美，然仍有思慮不周之處，尚祈各界指正。

表 3-1

國立成功大學教育研究所綜合活動學習領域單元教學活動設計

國立成功大學教育研究所
輔導活動科教材教法教案設計（詳案）

試教學校：臺南市後甲國中

指導與修改教授：李坤崇教授　　　指導老師：鄭秀足老師　　　設計者：盧名瑩

單元名稱	團體合作		班級	一年 29 班	人數	34 人
教材來源	自編並參考康軒一下之教材		時間	135 分鐘／(1+2) 節×45 分鐘		
設計理念	1. 協助學生瞭解團體合作的重要性。 2. 透過體驗團體合作之活動，提升學生團體合作的意願。					
學生學習 條件分析	在國小高年級已達成與 3-4-1 相關之能力指標： 1-3-1 欣賞並接納他人。					
教學方法	發表教學法、討論教學法、合作學習、體驗學習					
教學資源	壁報紙、磁鐵、學習單、撲克牌、紙、竹筷					
能力指標	3-4-1 體會參與團體活動的意義，並嘗試改善或組織團體活動。 以「體會參與團體活動的意義」為重點。					

單　元　目　標	具　體　目　標
一、認知 1. 瞭解團體合作的意義。 2. 分享體會參與團體活動的想法。	1-1 說出團體合作對個人的意義。 1-2 指出團體合作的重要性。 2-1 說出參與團體活動的感受。 2-2 指出團體合作的好處。
二、技能 3. 善用人際相處的技巧。	3-1 適切運用人際互動的技巧。 3-2 增進人際互動的技巧。
三、情意 4. 願意分享與聆聽他人的意見。	4-1 願意與他人分享自己的意見。 4-2 願意聆聽他人的意見。

教學內涵與歷程					
具體目標	教學活動	教具	時間	評量	備註
	一、準備活動 1. 準備「活動公約」、「榮譽榜」、「教師姓名」、「活動主題」。 2. 準備磁鐵、撲克牌。				

（續下頁）

具體目標	教學活動	教具	時間	評量	備註
	二、發展活動 1. 課前準備 　在黑板貼上「活動公約」、「榮譽榜」、「教師姓名」、「活動主題」。	活動公約、榮譽榜、教師姓名、活動主題、磁鐵	1′		
	2. 教師自我介紹 　各位同學，大家好！我的名字是盧名瑩（手指向教師姓名）。從今天這一堂課開始，連續四週的綜合活動課程，都會由我帶著大家一起學習，希望大家都能積極參與和配合。	教師姓名	1′	八成以上同學感到興趣並聆聽自我介紹（觀察評量）	貼好後，面向同學、靜待全班安靜，才開始自我介紹
	3. 介紹榮譽榜及計分規則 　(1) 現在請大家的眼睛看到這邊（手指榮譽榜），每次進行活動的時候，老師希望大家可以遵守我們的約定，並且踴躍發言。 　(2) 所以，只要大家積極討論、分享，或者遵守秩序、表現優良的組別，都能獲得小組或個人的加分機會。當然，表現不好、影響活動的進行，也有被扣分的可能喔！ 　(3) 老師再次提醒你們，當老師幫個人加分以後，請各組組長要記得把分數登記在小組日誌裡面，下課的時候也要記得各小組的積分。 　(4) 等到最後一次上課的時候，老師會準備小禮物送給積分最高的組別喔！ 　(5) 到目前為止，大家都表現得很棒，老師決定每組先加一分！	榮譽榜、磁鐵	2′	八成以上同學感到興趣（觀察評量）	各組皆先送1分鼓勵

（續下頁）

具體目標	教學活動	教具	時間	評量	備註
	4. 說明「活動公約」 　為了讓接下來四週的活動都能順利進行，老師有一些約定請大家一定要遵守。先由老師念一句，當老師手比向大家時（五指併攏朝向學生），大家就接著複誦一次（一邊念，手一邊指著公約）： 　(1) 發言前請先舉手。 　(2) 分組討論時，請輕聲細語。 　(3) 老師同意後，才可以離開座位。 　（問同學有沒有問題或意見）	活動公約	3′	八成以上同學參與複誦（口語評量）	請同學一起複誦教師所念的每一條活動公約
	5. 建立默契 　考考你們，當老師說「注意」的時候，你們應該怎麼做？沒錯，除了回應我說「注意」之外，還要記得看到我這裡來。另外，各組表現很好，各加一分。	榮譽榜	1′	八成以上同學回答問題（口語評量）	各組加一分
	6. 引導小組進行「排排看」活動 　(1) 現在，我們要開始進行活動了。先請各組組長到老師這裡拿一副撲克牌回去，並將牌拿出來。	撲克牌	2′	八成以上同學感到興趣（觀察評量）	發給各組一副撲克牌
	(2) 今天要玩個不同的遊戲，老師已經先洗過牌了，等一下當老師說開始的時候，就要請你們按照花色、數字大小，由小排到大，排成四列。注意喔！是按花色大小、數字大小，排成四列。看看哪組同學最厲害，可以在最短的時間內排好。		2′		
	(3) 活動時間有 5 分鐘，但只要排好以後，就請整組一起「愛的鼓勵」，讓老師知道你們已經完成了，我們現在先試一次看看。因為等一下老師會由最快完成的組別開始，用 1 分鐘的	榮譽榜	6′	八成以上同學參與活動（觀察評量）	先練習一次愛的鼓勵，活動開始後走到各組旁觀察活動進行狀況

（續下頁）

具體目標	教學活動	教具	時間	評量	備註
	時間，分享你們那組排撲克牌的方式，所以請各組要指定一位同學上台分享。當老師舉高手放下，就開始進行。（時間結束前 1 分鐘提醒學生時間）				
4-1 4-2	(4) 大家表現得很好，老師先幫排得又快又正確的組別加三分、第二名加兩分，其他組各加一分。	榮譽榜	1′		依各組情況加分
	(5) 為什麼剛才有的組別速度很快、有的比較慢呢？老師先請最快組別的組長分享一下他們排牌的方法，時間是 1 分鐘。接著，請比較慢的組別說說他們的方法，時間是 1 分鐘。那還有沒有自願的組別願意分享呢？		4′	八成以上同學仔細聆聽（觀察與口語評量）	請速度最快組、最慢組的組長分享，視情況讓其他組分享
3-1 3-2	7. 引導小組「再試一次」 (1) 等一下我們還要再試一次，但老師先給你們 1 分鐘的時間進行討論，想用什麼方法排牌！（時間結束前 30 秒提醒學生時間）	撲克牌	2′	八成以上同學參與討論（觀察評量）	走到各組旁觀察，並提醒學生時間
4-1 4-2	(2) 等一下你們還是有 5 分鐘的時間進行活動，只要完成後，就請給自己一次「愛的鼓勵」。老師也還是會請最快組上台用 1 分鐘來分享他們的排法，所以各組還是要指派一位同學做上台分享的準備喔！現在當老師手放下，就開始活動。（時間結束前 1 分鐘提醒學生時間）		6′	八成以上同學參與活動（觀察評量）	用手勢表示活動開始，走到各組旁觀察
	(3) 老師先幫最快組加兩分，並請最快組用 1 分鐘分享你們的方法。還有其他自願分享的組別嗎？	榮譽榜	3′	八成以上學生仔細聆聽（觀察評量）	最快組加兩分、自願分享加一分

（續下頁）

具體目標	教學活動	教具	時間	評量	備註
2-1 4-1 4-2	三、整合活動 1. 全班省思 　比較兩次活動的過程，有沒有發現兩次的不同？現在給大家 5 分鐘的時間討論，思考在活動過程中的感受與發現，以及如何討論出排牌的方法，是各自進行或有分配工作？等一下老師會抽兩組用 1 分鐘的時間分享，所以請你們也要指派一位同學報告喔！ （時間結束前 1 分鐘提醒學生時間）	榮譽榜	8′	八成以上學生願意分享與聆聽（觀察與口語評量）	自願者與其組別加分
	2. 歸納 (1) 聽了同學的分享，有沒有發現當很多人要一起做一件工作的時候，如果像第一次沒有討論就開始，好像有點手忙腳亂？但經過討論，每個組員是不是都有自己該有的工作？配合的也更好了？ (2) 大家一起討論之後，不但可以結合力量，還能激發想法。		2′	八成以上同學仔細聆聽（觀察評量）	
	3. 統整課程 (1) 現在計算榮譽榜的分數，請組長要記下來喔！ (2) 組長將撲克牌拿回來後，就自由下課。 【第一節課程結束】	榮譽榜	1′		
	一、準備活動 1. 準備「活動公約」、「榮譽榜」、「活動主題」。 2. 準備寫有「各找各的、一起行動、先分配再分工」的海報紙、磁鐵、物品清單（附件一）。 二、發展活動 1. 課前準備				

（續下頁）

具體目標	教學活動	教具	時間	評量	備註
	在黑板貼上「活動公約」、「榮譽榜」、「活動主題」、寫有三種活動進行方式的海報紙。	活動公約、榮譽榜、活動主題、海報紙、磁鐵			
2-2	2. 引導小組「支援前線」活動 (1) 各位同學，大家好。還記得上一堂課，老師請各小組一起合作、討論排撲克牌，大家知道是為什麼嗎？ ◎學生可能反應： ＊結合力量、節省時間、想辦法…… (2) 沒錯，今天老師還想測驗哪組最團結，所以今天要讓你們玩「支援前線」的遊戲。 (3) 老師先說明遊戲規則，等一下請各組組長到老師這邊抽一張清單。清單裡面寫著幾樣東西與數量，例如這張裡面有〇〇、〇〇、〇〇，你們就要利用 5 分鐘以內的時間，找到這些東西。 (4) 組長抽完清單，各組可先討論如何蒐集這些物品，再開始蒐集。蒐集物品時，請你們儘量不要離開座位，因為老師所列的物品，都是你們手邊可以得到的物品，除非真的沒有，要向其他組借。如果蒐集完所有物品以後，請給自己一個愛的鼓勵，讓老師知道你們已經完成工作。 (5) 也請大家降低音量，以免影響其他班級。如果有任何一組的聲音過大，老師會中止活動，並扣該組的分數。 (6) 另外，活動結束時，老師會從第一組到第五組，請組長輪流	物品清單	2′ 1′ 2′ 3′ 1′ 1′	八成以上同學願意參與發表（口頭評量） 八成以上同學仔細聆聽（觀察評量）	 拿一張清單做說明 提醒活動規則 四處觀察各組狀況

（續下頁）

具體目標	教學活動	教具	時間	評量	備註
3-1 3-2	上台分享 1 分鐘，告訴大家你們是如何在時間內蒐集到所有物品？ (7) 現在請組長過來抽籤，當老師說開始，就開始活動 5 分鐘。（時間結束前 1 分鐘提醒學生時間） (8) 現在，我們來檢查看看各組的物品有沒有缺少？（抽籤 1 分鐘、活動時間 4 分鐘、檢查物品 4 分鐘，活動約進行兩次）	物品清單、榮譽榜 榮譽榜	20′	八成以上同學參與活動（觀察評量）	視情況加分 視情況加分
4-1 4-2	3. 全班分享 現在從第一組組長開始，輪流上台 1 分鐘，分享你們是如何蒐集物品？是先分配工作，還是大家很配合、不分你我同時進行呢？或是活動過程也可以說說看。		10′	八成以上同學願意參與發表（口頭評量）	
	三、整合活動 1. 全班省思 大家都說得很好，老師還有一個問題要請大家想想。你覺得各做各的、一起行動、先分配再分工，這三種方式，哪一種能幫助團體更快更有效率的完成工作？下節課，老師再請自願同學分享想法 1 分鐘。		3′	八成以上同學仔細聆聽（觀察評量）	
	2. 統整課程 (1) 經過剛才的活動，相信你們對於團體一起進行活動，有了更多的體驗。下節課，除了剛才的問題之外，還要請各組派出一位同學，第五組輪回第一組，用 1 分鐘的時間，與大家分享活動進行中的感受。 (2) 最後，剛才進行活動的時候都		1′ 1′		

（續下頁）

具體目標	教學活動	教具	時間	評量	備註
	表現得很好，所以請大家給自己一次愛的鼓勵後，就自由下課。 【第二節課程結束】				
	一、準備活動 1. 準備「活動公約」、「榮譽榜」、「活動主題」。 2. 磁鐵、竹筷、學習單（附件二）。 二、發展活動 1. 課前準備 　在黑板貼上「活動公約」、「榮譽榜」、「活動主題」。	活動公約、榮譽榜、活動主題、磁鐵			
2-1 4-1 4-2	2. 全班分享時間 　(1) 上節課在進行活動時，你們的感受如何？覺得大家分工很快就找到了？還是很心急有人找不到？或者害怕自己讓小組找不到物品？現在就從第五組輪回第一組，請各組所指派的同學，利用 1 分鐘說說活動中的任何想法。 　(2) 歸納：沒有錯，團體活動的時候，每個人對團體的表現都有相當大的幫助。就像平常你們個人回答問題，不但能為自己加分，也能幫小組加分。		10′ 1′	八成以上同學願意分享與聆聽（口頭與觀察評量）	各組加一分
1-2 4-1 4-2	3. 全班省思與分享 　(1) 剛才下課前，老師的另一個問題：「各找各的、一起行動、先分配工作再分頭進行」這三種方式，你覺得哪一種能幫助團體更快更有效率的完成工作？為什麼？有沒有同學自願		6′	八成以上同學願意分享與聆聽（口頭與觀察評量）	自願者與其小組加分

（續下頁）

具體目標	教學活動	教具	時間	評量	備註
	用1分鐘來分享你的想法呢？別忘了，你們現在的表現，都能幫小組爭取加分機會喔！				
	(2) 歸納：各自進行工作、團體合作都有好處與壞處，這個並沒有一定的答案。只是適時的運用團體力量，可幫助你們將事情做得又快又好。		1'	八成以上同學仔細聆聽（觀察評量）	
	三、整合活動				
	1. 請自願者進行「團結力量大」活動。				
	(1) 老師現在想請一位同學上台幫個忙，有自願者嗎？		1'		自願者加一分
	(2) 老師這邊有一把竹筷，先請你折斷這一支，接著兩支一起折……一整把折折看。	竹筷	2'	八成以上同學注意觀看（觀察評量）	
	(3) 請這位同學用1分鐘，說說折一支、兩支、一把，有什麼不同？		2'		
	(4) 歸納：一支、兩支雖然容易折斷，但仍有它們可以做的事情。當很多筷子在一起時，是很難將它們折斷的，因為它們平均分攤所有壓力。每個人就像這一支支的筷子，有自己的任務、力量，但當所有人聚在一起時，一起分攤工作，力量與效率會更勝獨自進行。所以，才有「團結力量大」這句話。		2'	八成以上同學仔細聆聽（觀察評量）	
	2. 全班省思				
	(1) 現在請組長到老師這邊拿學習單並發給同學，裡面有三個問題。第一題是要大家回想一下你們在排撲克牌與支援前線的活動中，小組成員合作的情況如何？很好、很有默契、一開	學習單	2'	八成以上同學認真填寫（觀察評量）	發下學習單，到各組旁觀察填寫狀況

（續下頁）

具體目標	教學活動	教具	時間	評量	備註
	始不熟到很有默契……都可以寫下來，並寫出你有什麼樣的感受。第二題要請大家想想獨自工作與團體合作有什麼不同？你喜歡哪一種，以及為什麼？第三題請大家再次回想活動的過程，團體合作可能有什麼好處呢？對你自己可能有什麼樣的影響？請思考一下再寫下來。				
	(2) 給大家 10 分鐘填寫這張學習單。等一下老師會請兩位自願的同學（若無則抽籤決定），用 2 分鐘的時間，來説一下他們學習單中所寫的內容。有沒有什麼疑問？都可以提出來。（時間結束前 2 分鐘提醒學生時間）		11′		
1-1 2-1 4-1 4-2	3. 歸納 (1) 老師請第一位同學用 2 分鐘分享第一、三題，另一位分享第二、三題。 (2) 同學説得很好，有些人可能喜歡自己進行工作。但就像大隊接力，如果沒有其他隊友，你自己一個人無法、也不能參加大隊接力。這時候你勢必要和別人合作；而突然少了一個人，其他十幾個人也無法跑完全程。		5′ 1′	八成以上同學仔細聆聽（觀察評量）	自願者加分
	4. 統整課程 (1) 團體活動的課程就上到今天，下週要進行的單元是「班級向前行」。 (2) 組長將學習單收齊，交給老師就可以下課了。 【第三節課程結束】		1′		

附件一　物品清單

鞋子左腳 3 隻 橡皮擦 2 個 鉛筆盒 2 個 書包 5 個 英文課本 4 本	髮束 3 個 直尺 4 枝 鞋子 2 雙 橡皮擦 3 個 數學課本 5 本
髮夾 2 根 眼鏡 2 副 紅筆 4 枝 直尺 4 枝 國文課本 4 本	鞋子左右各 1 隻 藍筆 5 枝 手錶 2 個 橡皮擦 5 個 英文課本 3 本
鞋子左右各 2 隻 藍筆 6 枝 髮束 2 個 書包 5 個 國文課本 3 本	十塊錢 7 枚 眼鏡 1 副 書包 5 個 立可白 4 個 微笑的臉 2 張
一塊錢 8 枚 鞋子左右各 1 隻 立可白 5 個 黑筆 3 枝 生氣的臉 3 張	鞋子左腳 2 隻 國文課本 3 本 鉛筆 3 枝 一塊錢 10 枚 生氣的臉 2 張
髮束 2 個 紅筆 4 枝 十塊錢 6 枚 自動鉛筆 2 枝 傷心的臉 3 張	髮夾 1 根 五塊錢 5 枚 直尺 5 枝 藍筆 4 枝 開心的臉 5 張

附件二 學習單

團體合作學習單

班級：＿＿＿＿＿＿＿　座號：＿＿＿＿＿＿＿　姓名：＿＿＿＿＿＿＿

一、在排撲克牌與支援前線的過程中，小組成員在討論、排牌、尋找物品的時候，小組團體合作的情況如何？過程中，你有什麼樣的感受？

＿＿＿＿＿＿＿＿＿＿＿＿＿＿＿＿＿＿＿＿＿＿＿＿＿＿＿＿＿＿＿＿＿＿

＿＿＿＿＿＿＿＿＿＿＿＿＿＿＿＿＿＿＿＿＿＿＿＿＿＿＿＿＿＿＿＿＿＿

＿＿＿＿＿＿＿＿＿＿＿＿＿＿＿＿＿＿＿＿＿＿＿＿＿＿＿＿＿＿＿＿＿＿

＿＿＿＿＿＿＿＿＿＿＿＿＿＿＿＿＿＿＿＿＿＿＿＿＿＿＿＿＿＿＿＿＿＿

＿＿＿＿＿＿＿＿＿＿＿＿＿＿＿＿＿＿＿＿＿＿＿＿＿＿＿＿＿＿＿＿＿＿

二、你自己獨自完成某一份工作，或與大家共同完成，你覺得會有什麼不同？你比較喜歡哪一種？你的理由是……

＿＿＿＿＿＿＿＿＿＿＿＿＿＿＿＿＿＿＿＿＿＿＿＿＿＿＿＿＿＿＿＿＿＿

＿＿＿＿＿＿＿＿＿＿＿＿＿＿＿＿＿＿＿＿＿＿＿＿＿＿＿＿＿＿＿＿＿＿

＿＿＿＿＿＿＿＿＿＿＿＿＿＿＿＿＿＿＿＿＿＿＿＿＿＿＿＿＿＿＿＿＿＿

＿＿＿＿＿＿＿＿＿＿＿＿＿＿＿＿＿＿＿＿＿＿＿＿＿＿＿＿＿＿＿＿＿＿

＿＿＿＿＿＿＿＿＿＿＿＿＿＿＿＿＿＿＿＿＿＿＿＿＿＿＿＿＿＿＿＿＿＿

三、透過這星期的三個活動（排撲克牌、支援前線、折筷子），你覺得團體合作有什麼好處？請寫出至少三個。而這對你又可能會有什麼樣的影響？

＿＿＿＿＿＿＿＿＿＿＿＿＿＿＿＿＿＿＿＿＿＿＿＿＿＿＿＿＿＿＿＿＿＿

＿＿＿＿＿＿＿＿＿＿＿＿＿＿＿＿＿＿＿＿＿＿＿＿＿＿＿＿＿＿＿＿＿＿

＿＿＿＿＿＿＿＿＿＿＿＿＿＿＿＿＿＿＿＿＿＿＿＿＿＿＿＿＿＿＿＿＿＿

＿＿＿＿＿＿＿＿＿＿＿＿＿＿＿＿＿＿＿＿＿＿＿＿＿＿＿＿＿＿＿＿＿＿

分享：	評量	切合主題	表達流暢	積極參與
	小組長			
小組長簽名：　　　教師簽名：	教師			

中文部分

余民寧（1997）。**教育測驗與評量**。臺北市：心理。

余紫瑛（2000）。**探索教育活動對國中學生自我概念及人際關係影響之實驗研究**（未出版之碩士論文）。國立臺灣師範大學，臺北市。

吳鐵雄、洪碧霞（1998）。實作評量問與答。**測驗與輔導雙月刊，149**，3102-3103。

李坤崇（1998a）。人性化、多元化教學評量：從開放教育談起。載於高雄市政府公教人力資源發展中心（主編），**多元教學評量**（91-134頁）。高雄市：高雄市政府公教人力資源發展中心。

李坤崇（1998b）。**班級團體輔導**。臺北市：五南。

李坤崇（1999）。**多元化教學評量**。臺北市：心理。

李坤崇（2001a）。**綜合活動學習領域教材教法**。臺北市：心理。

李坤崇（2001b）。教學評鑑與學習評量實例導讀。載於教育部（主編），**國中學校經營研發輔導手冊（6）：教學評鑑與學習評量實例**（I-XII頁）。臺北市：教育部。

李坤崇（2001c）。**九年一貫課程國中綜合活動學習領域多元評量方式與策略之發展與實施研究（I）**。行政院國家科學委員會專案研究報告（編號：NSC 89-2413-H-006-014-FB）。臺北市：行政院國家科學委員會。

李坤崇（2002a）。九年一貫課程綜合活動學習領域。載於教育部與國立臺北師範學院（主編），**九年一貫課程推動工作小組核心團隊講師群研討會手冊**。臺北市：國立臺北師範學院。

李坤崇（2002b）。國民中小學成績評量準則之多元評量理念。載於教育部（主編），**國中國小校長與督學培訓手冊**（137-154頁）。臺北市：教育部。

李坤崇（2002c）。多元化教學評量理念與推動策略。**教育研究月刊，91**，24-36。

李坤崇（2004）。**綜合活動學習領域概論**。臺北市：心理。

李坤崇（2006）。**教學評量**。臺北市：心理。

李坤崇（2009，11 月 24-27 日）。**綜合實踐活動課程教學論**。大陸教育部綜合實踐活
　　動項目組主辦：大陸全國課程改革實驗區綜合實踐活動第七次研討會暨教育部重
　　點委託課題「綜合實踐活動課程研究與實驗」子課題實驗區第二屆年會。浙江省
　　杭州市：中國美術學院。

李坤崇（2011）。**綜合活動學習領域概論**（第二版）。臺北市：心理。

周紫芸（2001）。兒童繪本閱讀融入小學國語課程之行動研究。**翰林文教雜誌，25，**
　　43-52。

林杏足（2003）。**青少年自尊促進方案的理念模式及應用**。國立彰化師範大學輔導與
　　諮商學系，未出版，彰化縣。

柯華葳（2000）。「培養省思力」導讀。載於林心茹（譯），**培養省思力**（13-17
　　頁）。臺北市：遠流。

洪有義（1988）。**價值澄清法**（第四版）。臺北市：心理。

教育部（2001）。**國民小學及國民中學學生成績評量準則**。2001 年 3 月 29 日修訂發
　　布。臺北市：作者。

教育部（2003）。**高級中等以下學校及幼稚園教師資格檢定辦法**。臺北市：作者。

教育部（2007）。**國民小學及國民中學學生成績評量準則**。2007 年 5 月 1 日修訂發
　　布。臺北市：作者。

教育部（2008a）。**國民中小學九年一貫課程綱要總綱**。2008 年 5 月 23 日發布。臺北
　　市：作者。

教育部（2008b）。**國民中小學九年一貫課程綱要綜合活動學習領域課程**。2008 年 5
　　月 23 日發布。臺北市：作者。

陳美芳、廖鳳池（1995）。班級輔導活動方式。載於吳武典、金樹人（主編），**班級**
　　輔導活動設計指引（69-98 頁）。臺北市：張老師文化。

陳英豪、吳裕益（1991）。**測驗與評量**（修訂一版）。高雄市：復文。

歐慧敏（2003）。反思教學的理念與策略。**教育研究月刊，115，**103-114。

蔡居澤（1995）。探索教育活動在童軍教學上的應用。**中等教育，46**（6），
　　114-120。

蔡居澤（1999）。活動課程評鑑的探討：以美國探索教育活動為例。**公民訓育學報，**
　　8，283-294。

蔡居澤（2004）。**綜合活動教學方法的新取向：以體驗學習理論為基礎之戶外教育課**
　　程的實踐。九年一貫課程綜合活動學習領域深耕種子教師九十三年二月進階培訓

講義。

蔡居澤、廖炳煌（2001）。**探索教育與活動學校**。臺南市：翰林出版社。

謝明昆（1994）。**道德教學法**。臺北市：心理。

簡茂發、李琪明、陳碧祥（1995）。心理與教育測驗發展的回顧與展望。**測驗年刊，42**，1-11。

日文部分

千葉市打瀨小學（1998）。**平成 10 年度學校經營計畫**。千葉市，日本：作者。

小野寺忠雄（1998）。青柳國小的版本：「綜合性學習課程」的第一步。載於東京都文京区立青柳小学校（編），**総合的な学習の展開と評価**。東京，日本：小學館。

文部科學省（2008a）。**小学校学習指導要領解説：総合的な学習の時間編**〔公告〕。取自 http://www.mext.go.jp/a_menu/shotou/new-cs/youryou/syokaisetsu/013.zip

文部科學省（2008b）。**中学校学習指導要領解説：総合的な学習の時間編**〔公告〕。取自 http://www.mext.go.jp/a_menu/shotou/new-cs/youryou/chukaisetsu/012.zip

尾田正已（1998）。綜合性學習的指導與評價。載於高階玲治（主編），**實踐、綜合性的學習時間：中學篇**。東京，日本：圖書文化。

兒島邦宏（1998）。綜合性學習的授課。載於兒島邦宏、山極隆、安齋省一（主編），**中學綜合性學習指南**。東京，日本：教育出版社。

高浦勝義（1991）。**生活科的想法、實行方法**。東京，日本：黎明書房。

高浦勝義（1998）。**綜合性學習的理論、實踐與評量**。東京，日本：黎明書房。

愛知縣緒川小學（1998）。**1998 年通知單**。愛知縣，日本：作者。

愛知縣緒川小學（1999）。**1999 年通知單**。愛知縣，日本：作者。

外文部分

Airasian, P. W. (1996). *Assessment in the classroom*. New York, NY: McGraw-Hall.

Aschbacher, P. R. (1991). Performance assessment: State activity, interest, and concerns. *Applied Measurement in Education, 4*(4), 275-288.

Beyer, B. K. (1987). *Practical strategies for the teaching of thinking*. Boston, MA: Allyn &

Bacon.

Bloom, B. S., Englhart, M. D., Furst, E. J., Hill, W. H., & Krathwohl, D. R. (1956). *Taxonomy of educational objectives (Handbook 1): Cognitive domain*. New York, NY: McKay.

Caine, R. N., & Caine, G. (1991). *Making connections: Teaching and the human brain*. Alexandria, VA: Association for Supervision and Curriculum Development.

Cole, D. J., Ryan, C., & Kick, F. (1995). *Portfolio across the curriculum and beyond*. Thousand Oaks, CA: Corwin Press.

Corey, G. (1995). *Theory and techniques of counseling and psychotherapy*. Pacific Grove, CA: Brooks/Cole.

Costa, A. L., & Kallick, B. (2000a). *Habits of mind: Discovering and exploring habits of mind*. Alexandria, VA: Association for Supervision and Curriculum Development.

Costa, A. L., & Kallick, B. (2000b). *Habits of mind: Assessing and reporting on habits of mind*. Alexandria, VA: Association for Supervision and Curriculum Development.

Costa, A. L., & Kallick, B. (2000c). *Habits of mind: Activating and engaging habits of mind*. Alexandria, VA: Association for Supervision and Curriculum Development.

Costa, A. L., & Liebmann, R. (1997). Toward a renaissance curriculum: An idea whose time has come. In A. Costa & R. Liebmann (Eds.), *Envisioning process as content: Toward a renaissance curriculum* (pp. 1-20). Thousand Oaks, CA: Corwin Press.

Dewey, J. (1916/1959). *Democracy and education*. New York, NY: Macmillan.

Dewey, J. (1933/1986). How we think. In J. A. Boydston (Ed.), *The later works of John Dewey* (pp. 1925-1953). IL: Southern Illinois University Press.

Fitzpatrick, R., & Morrison, E. J. (1971). Performance and product evaluation. In R. L. Thorndike (Ed.), *Educational measurement* (pp. 237-270). Washington, DC: American Council on Education.

Gardner, H. (1993). *Multiple intelligence: The theory in practice*. New York, NY: Basic Books.

Gardner, H. (1999). *Intelligence reframed: Multiple intelligence for the 21st century*. New York, NY: Basic Books.

Gaw, B. A. (1979). Processing questions: An aid to completing the learning cycle. In J. W. Pfeiffer & T. E. Jones (Eds.), *The 1979 annual handbook for group facilitators* (pp. 147-153). La Jolla, CA: University Associates.

Gladding, S. T. (1995). *Group work: A counseling specialty*. Pacific Grove, CA: Brooks/ Cole.

Harlen, W. (1985). Science education: primary school programmes. In T. Husen & T. N. Postlethwaite (Eds.), *The International Encyclopedia of Education, 8*, 4456-4461.

Henderson, J. (1995). *An inside look at portfolio assessment*. Paper presented at Interface 95, Lake Ozark, MO.

Henton, M. (1996). *Adventure in the classroom: Using adventure to strengthen learning and build a community of life-long learners*. Dubuque, IA: Kendall/Hunt.

Jones, J. E., & Pfeiffer, J. W. (1979). Role playing. In J. W. Pfeiffer & T. E. Jones (Eds.), *The 1979 annual handbook for group facilitators* (pp. 182-193). La Jolla, CA: University Associates.

Joplin, L. (1981). On defining experiential education. *The Journal of Experiential Education, 4*(1), 17-20.

Kahn, R. (1978). The U Mass attempt to show that progressive change is still possible. *Phi Delta Kappan, 60*(2), 144-145.

Knapp, C. E. (1990). Processing the adventure experience. In J. C. Miles & S. Priest (Eds.), *Adventure education: A book of readings* (pp. 189-197). State College, PA: Venture Publishing.

Knapp, C. E. (1992). *Lasting lessons: A teacher's guide to reflecting on experience*. Eric Clearinghouse on Rural Education and Small Schools.

Kubiszyn, T., & Borich, G. (1987). *Educational testing and measurement: Classroom application and practice*. (2nd ed.). IL: Scott, Foresman and Company.

Lazear, D. (1999). *Multiple intelligence approaches to assessment*. Tucson, AZ: Zephyr Press.

Linn, R. L., & Gronlund, N. E. (1995). *Measurement and assessment in teaching* (7th ed.). Englewood Cliffs, NJ: Prentice-Hall.

Linn, R. L., & Miller, M. D. (2005). *Measurement and assessment in teaching* (9th ed.). Englewood Cliffs, NJ: Prentice-Hall.

Marzano, R. J., Brandt, R. S., Hughes, C. S., Jones, B. F., Presseisen, B. Z., Rakin, R. S., & Suhor, C. (1988). *Dimensions of thinking*. Alexandria, VA: Association for Supervision and Curriculum Development.

Paris, S. G., & Ayres, L. R. (1994). *Becoming reflective students and teachers*. New York, NY: American Psychological Association.

Pearson, M., & Smith, D. (1988). Debriefing in experience-based learning. In D. Boud et al. (Eds.), *Reflection: Turning experience into learning* (pp. 69-84). New York, NY: Nichols Publishing Company.

Perkins, D. N. (1995). *Outsmarting IQ: The emerging science of learnable intelligence*. New York, NY: The Free Press.

Raths, L. E., Merril, H., & Simon, B. S. (1966). *Values and teaching*. Columbus, OH: Merrile.

Raths, L. E., Merril, H., & Simon, B. S. (1978). *Values and teaching: Working with values in the classroom* (2nd ed.). Columbus, OH: Merrile.

Resnick, L. B. (1987). *Education and learning to think*. Washington, DC: National Academy Press.

Ryan, C. D. (1994). *Authentic assessment*. CA: Teacher Created Materials.

Sarason, S. B. (1984). Review of schooling in America: Scappegoat and salvation by Vernon H. Smith. *Phi Delta Kappan, 66*(3), 224-225.

Simon, S. B., Howe, L. W., & Kirschenbaum, H. (1972). *Values clarification: A handbook of practical strategies for teachers and students*. New York, NY: Hart Publishing.

Stanford, G. (1977). *Developing effective classroom groups*. New York, NY: Hart Publishing.

Sternberg, R. J., & Spear-Swerling, L. (1996). *Teaching for thinking*. New York, NY: American Psychological Association.

Sternberg, R. J., Torff, B., & Grigorenko, E. (1998). Teaching for successful intelligence raises school achievement. *Phi Delta Kappan, 79*(9), 667-669.

Stiggins, R. J. (1987). Design and development of performance assessments. *Educational Measurement: Issues and Practice, 6*(3), 33-42.

Tower, L., & Broadfoot, P. (1992). Self-assessment in the primary school. *Education Review, 44*, 137-151.

Valencia, S., & Calfee, R. (1991). The development and analysis of literacy portfolios for student, classes and teachers. *Applied Measurement in Education, 4*, 333-345.

Walter, G. A., & Mark, S. E. (1981). *Experiental learning and change*. New York, NY: John Wiley & Sons.

Wiggins, G. (1992). Creating tests worth taking. *Educational Leadership, 49*(8), 26-33.

Wolf, D. P., Bixby, J., Glen, J., & Gardner, H. (1991). To use their minds well: Investigating new forms of student assessment. In G. Grant (Ed.), *Review of Research in Education, 17*, 31-74. Washington, DC: American Educational Research Association.

MEMO

MEMO

MEMO

MEMO

國家圖書館出版品預行編目（CIP）資料

綜合活動學習領域教學與評量／李坤崇著. -- 初版. --
臺北市：心理, 2011.11
面；　公分. --（教育基礎系列；41215）

ISBN 978-986-191-471-8（平裝）

1. 活動課程　2. 教學活動設計　3. 九年一貫課程

523.39　　　　　　　　　　　　　　　　100019338

教育基礎系列 41215

綜合活動學習領域教學與評量

作　　者：李坤崇
執行編輯：陳文玲
總　編　輯：林敬堯
發　行　人：洪有義
出　版　者：心理出版社股份有限公司
地　　址：231 新北市新店區光明街 288 號 7 樓
電　　話：(02) 29150566
傳　　真：(02) 29152928
郵撥帳號：19293172 心理出版社股份有限公司
網　　址：http://www.psy.com.tw
電子信箱：psychoco@ms15.hinet.net
駐美代表：Lisa Wu（lisawu99@optonline.net）
排　版　者：龍虎電腦排版股份有限公司
印　刷　者：東縉彩色印刷有限公司
初版一刷：2011 年 11 月
初版二刷：2016 年 2 月
I S B N：978-986-191-471-8
定　　價：新台幣 250 元